人々がつくりあげた 文化都市フィレンツェ

アルテ(同職組合)の依頼で造られた守護聖人像(オルサンミケーレ教会)．ギベルティ「洗礼者ヨハネ像」(左：カリマーラ組合)，ドナテッロ「聖ゲオルギウス像」(中：武具製造組合)，ヴェロッキオ「聖トマスの懐疑」(右：商事裁判所組合)

レオナルド・ダ・ヴィンチ「東方三博士の礼拝」
(ウフィツィ美術館)　Getty Images

ミケランジェロ作の寓意像「昼」(右)と
「夜」(左)(サン・ロレンツォ教会)

フィレンツェ中心部俯瞰

カフェからドゥオーモを眺める

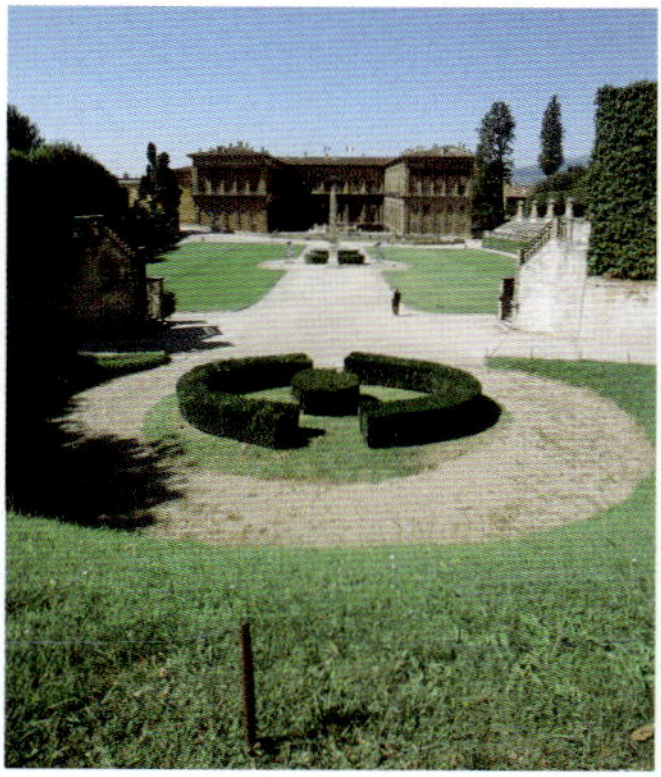

ピッティ宮殿とボーボリ庭園

中央市場２階のバール

サン・マルコ修道院の僧房．壁に描かれているのはフラ・アンジェリコ「我に触れるな」

メディチ家の紋章
（サン・ロレンツォ教会）

写真：大村次郷／取材協力：石井和子

池上俊一
Shunichi Ikegami

フィレンツェ
――比類なき文化都市の歴史

岩波新書
1719

はじめに

一四―一六世紀という短期間に、フィレンツェほど多くの天才的な画家・彫刻家・建築家を生みだし、ヨーロッパ全域に後々まで残る多大の影響を与えた都市はほかにない。今なお「ルネサンス」の香りを芬々《ふんぷん》と放ち、町全体が美術館に喩えられるのも奇とするにあたらないだろう。芸術だけではない。政治面でも、ルネサンス期フィレンツェにおいて世界最初の「近代国家」が浮上したとも評される。

こうしたルネサンス期の目覚ましい芸術や革新的な思想がギッシリ詰まった町を訪ねる旅人は、その圧倒的なエネルギーに当てられてしまうこともあるようだ。質・量とも厖大な美術品に囲まれて、精神の均衡を失って気分を悪くし、嘔吐や目眩《めまい》を覚える人が昔からおり、一九世紀フランスの作家スタンダールの『イタリア旅日記』(一八二六)の記述から「スタンダール・シンドローム」と名づけられている。彼は次のように述べている――「僕は自分がフィレンツェにいるという考え、墓を見たばかりの偉人たちの近くにいるという考えに、すでに一種の恍惚状態であった。崇高な美を熟視することに没頭して、僕はそれを間近に見て、いわばそれに触れていた。僕は美術から受けたこの世ならぬ印象と興奮した気持が混じり合ったあの感動の頂点に達していた。……僕の生命は擦り減り、倒れるのではないかと心配しながら歩いた」(臼田紘訳)。

ドイツの詩人リルケ(一八七五—一九二六)や作曲家シューマン(一八一〇—一八五六)の妻クララをはじめ、多くの外国の知識人が同様な体験をしている。現代の観光客でも、ほんの二、三日滞在するだけでおなじような思いを追体験できよう。はたしてこの圧倒的なエネルギーは、どこから由来するのだろうか。

これはルネサンスがもたらしたものなのだろうか。多くの部分はそうなのかもしれない。だがそもそも「ルネサンス」とは何なのだろう。因習に囚われた中世社会から絶縁して、個人それぞれが自由な人間性の発露へと飛翔した、特別な美の世界をまず最初にもたらしたルネサンス期のフィレンツェ……というクリシェ(決まり文句)には、いささか胡散臭いところがないだろうか。

私はこれから本書で、フィレンツェの歴史を、そのもっとも輝かしい時代であるルネサンス期を中心にしつつも、古代から現代まで辿っていくつもりである。そしてルネサンスの革新性を持て囃《はや》す言説を多少とも相対化してみたい。それはフィレンツェという都市の世界史上の意義・価値を貶《おとし》めることを意味しない。むしろ逆である。ルネサンス期にとどまらない、古代から現代まで一貫して流れる「フィレンツェ性」とでもいうべきものの偉大な存在を炙り出してみせようというのだから。

フィレンツェは古代以来一貫して、現在のトスカーナ地方の首邑として発展していった。この地方は西はティレニア海に洗われ北東部にはアペニン山脈が聳えるが、全体としてなだらかな丘と平地からなる美しい景観を誇っている。気候は温暖で農業も盛んである。中世においては、海港都市のピサがまず最初に栄え、絹織物業のルッカ、銀行業のシエナなども一時繁栄したが、やがて経済力・軍事力ともフィレンツェが一頭地を抜き、一四世紀までにいずれの都市をも凌駕していったのである。

かようにトスカーナ地方を嚮導していったフィレンツェには、時代を貫通してずっと変わらない遺伝子のようなものがあるのではないだろうか。それは見やすいところでは、政治面での「自由」「平等」「共和制」への熱烈な希求であり、芸術面では「比例」と「調和」を重んずる独自の芸術意志と美的感覚である。また都市計画や建築の外観、広場に飾られる彫刻作品や人々の習俗に明瞭な「男性性」なども、特徴のひとつに数えられよう。そうしたフィレンツェ史に宿る遺伝子の現れ方を追跡し、時代ごとの様相を綿密に観察してその意味や価値を明らかにしてみたい。農作業において、たわわな実を稔らせるための土地改良の方法がさまざまあるように、各時代のフィレンツェにおいては、固有の文化が花開く諸状況・条件がそれぞれあったはずだから。

土壌の比喩をつづければ、フィレンツェという町を理解するためには、それを作り上げた歴史の「重層性」を注視しなくてはならない。紀元前から中世までの歴史の積み重ねがあってはじめて、「ルネサンス」という輝かしい文化現象が出来《しゅったい》したことは疑いない。

最古層には「古代」が横たわって脈々と生きつづけてきた。だからフィレンツェは古代都市である。ルネサンスとは古典古代の「再生」という意味だが、ローマ時代に建設されたフィレンツェでは、再生するまでもなく、市街地のまさにど真ん中に、ローマ時代のままの区画が残っていた――現在まで残っている――し、古代の建築物や神像などは、中世・ルネサンス期にも維持されていた。古代の神々は、フィレンツェ市民の精神の中にずっと生きながらえ、彼らはローマ史との繋がりをたえず意識しつづけていたのである。

第二層には「中世」が大きく版図を広げている。だからフィレンツェは中世都市でもある。すなわち中世において、コムーネ(自治都市)という文明体がフィレンツェで最高度に発展したということが要点の第一。第二には、中世におけるキリスト教信仰の深化がそのままルネサンス期にも引き継がれていったこと。むろんそれは、古代から由来しルネサンス期に再興した異教文化や世俗価値と並行してのことではあるが、両者は矛盾するどころか支え合って、ルネサンスの文化と社会を作り上げていったのである。そして第三には、中世の社会関係の基軸である家族・親族関係が、他の社会的結合関係と調合されネットワークを広げながらルネサンス期に奮い立ち、「名誉」の観念を介して芸術作品を盛り立てたという事情である。

フィレンツェが古代都市であり中世都市であるという言明は、これら先立つ時代が、たんにルネサンス期のための土台となったというだけではなく、一五世紀を前後する時期にフィレンツェ市民たちがルネサンス文化を形成していく際に、たえず古代・中世の先例、範型が呼び戻され、参照されていったということでもあり、ここには「革命」とか「断絶」以上に「連続」があるのである。

さらにいえば、フィレンツェの文化的遺伝子はルネサンス期の終焉とともに枯渇してしまうわけではない。フィレンツェは近代都市・現代都市であることにも気をつけたい。近代以降一時低迷した時期もあったが、「文化都市」としての特徴を一貫して留めている。といっても、古代からルネサンス期まで重層して最高度のエネルギーを封じ込めた文化複合体を、この近代以降は、剝離し、分解し、適宜取り出して、時代に合わせて提示してきたように見える。それは、権力構造に取り込まれていくことも、あるいは反対に権力に対抗するために進歩派や自由主義者の旗印になることもあった。ルネサンス期に比べて総合的な文化力は小さくなっていこうが、それでも、イタリア史上、場合によっては世界史上、独自の意義を近現代のこの町に見出すことができると思う。

またこうした古代・中世・ルネサンス・近代・現代という時代的な重層性のもたらした独自の文化価値以外に、コムーネの地域的多重性――市壁に囲まれた都市中心部＝チッタと市壁外の周辺農村部＝コンタード、そして他の多くの都市を併呑した領域国家としてのフィレンツェ――、さらには社会的結合の相互関連性――家族・親族関係、友人関係、近隣関係、アルテ＝同職組合など――も、以下の叙述でたえず呼び返されるが、それらも文化の創造とその温存にしっかりと手を貸したと考えられる。

フィレンツェ文化の魅力はその合理性と明晰性である。フィレンツェの歴史を織り上げてきた常数と変数、そして変数をもたらした歴史的背景を、私も合理的かつ明晰にうまく語ることができるだろうか。もしできれば、本書は、フィレンツェを観光で訪れる方々が、乱反射する美にいたずらに圧倒されて「スタンダール・シンドローム」に陥ることを防いでくれる、頼りがいのある手立てとなろう。

目次

写真撮影　大村次郷（＊印）
地図作成　前田茂実

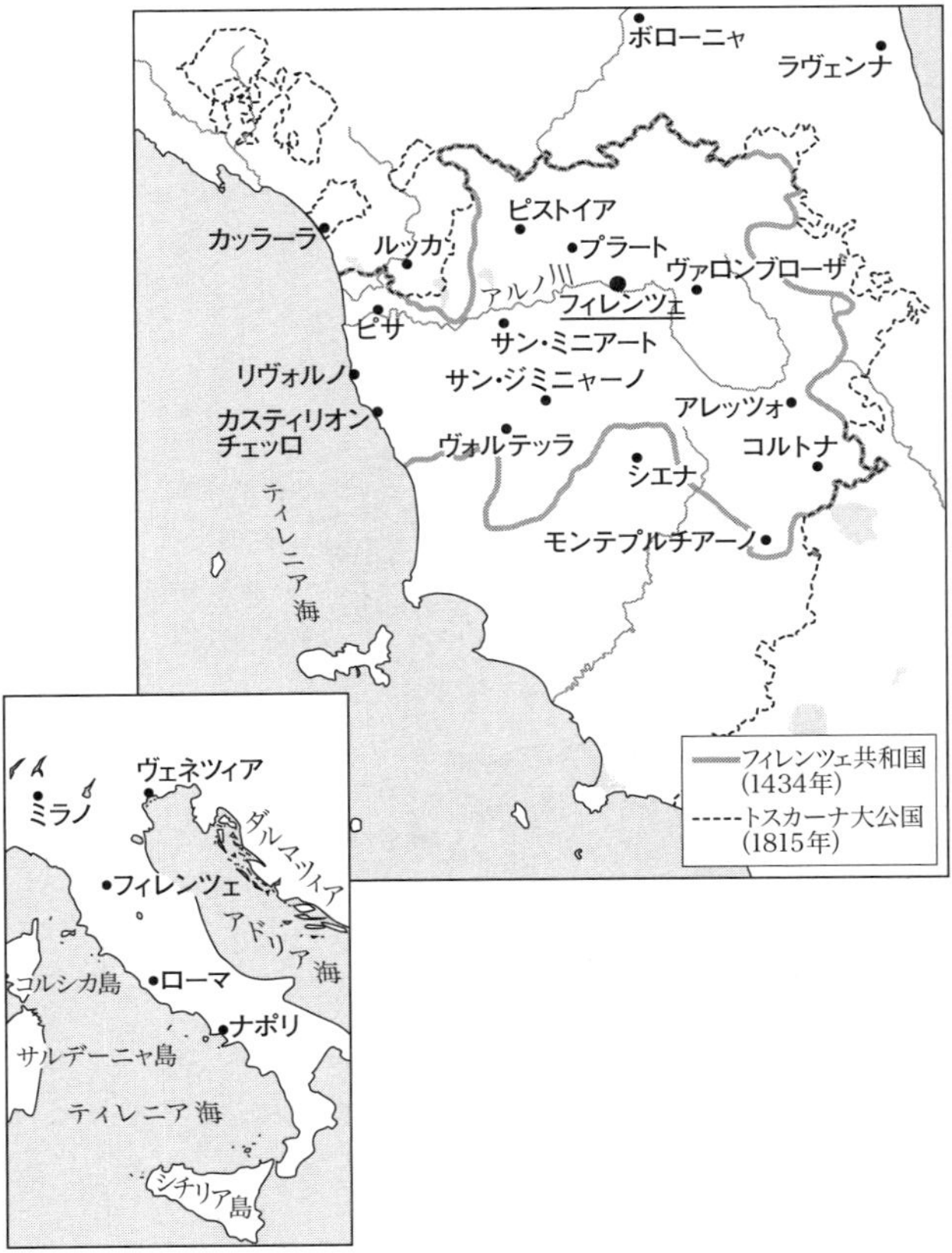
ボローニャ
ラヴェンナ
ピストイア
カッラーラ
ルッカ
プラート
ヴァロンブローザ
アルノ川
フィレンツェ
ピサ
サン・ミニアート
リヴォルノ
サン・ジミニャーノ
カスティリオンチェッロ
アレッツォ
ヴォルテッラ
コルトナ
シエナ
ティレニア海
モンテプルチアーノ
フィレンツェ共和国(1434年)
トスカーナ大公国(1815年)
ヴェネツィア
ミラノ
ダルマツィア
フィレンツェ
アドリア海
コルシカ島
ローマ
ナポリ
サルデーニャ島
ティレニア海
シチリア島

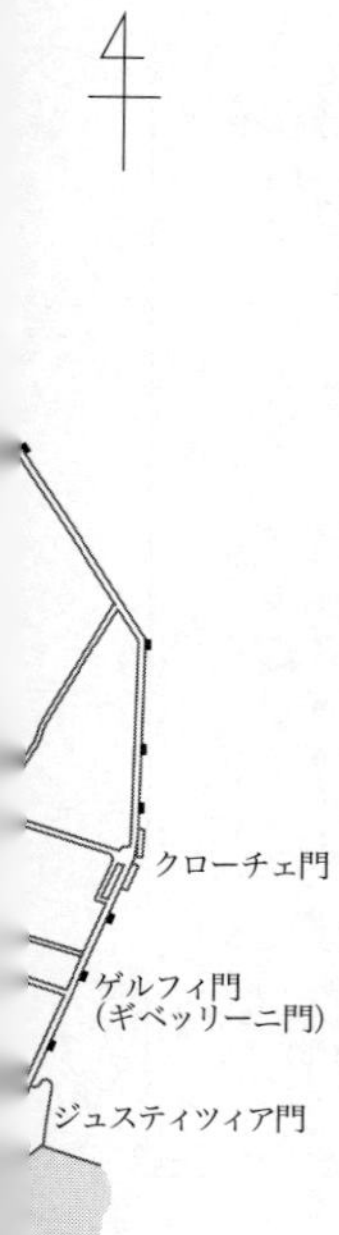

邸館・劇場

1 コルシ・アルベルティ邸館（現ホーン美術館）
2 ゴンディ邸館
3 メディチ邸館
4 パッツィ邸館
5 ピッティ邸館／宮殿
6 ルチェッライ邸館
7 ストロッツィ邸館
8 ダヴァンツァーティ邸館
9 グアダーニ邸館
10 ブオンデルモンティ邸館（ガビネット・ヴュスー）
11 ペルゴラ劇場
12 ココメロ劇場（現ニッコリーニ劇場）

教会・修道院

ⓐ バディーア・フィオレンティーナ
ⓑ サン・ジョヴァンニ洗礼堂
ⓒ サンタ・マリア・デル・フィオーレ大聖堂
ⓓ オンニサンティ教会／修道院
ⓔ オルサンミケーレ教会
ⓕ サン・ロレンツォ教会
ⓖ サン・マルコ教会／修道院
ⓗ サンタ・マリア・デル・カルミネ教会／修道院
ⓘ サンタ・クローチェ教会／修道院
ⓙ サンタ・マリア・ノヴェッラ教会／修道院
ⓚ サンタ・トリニタ教会／修道院
ⓛ サンティッシマ・アンヌンツィアータ教会／修道院
ⓜ サント・スピリト教会／修道院
ⓝ サン・ミニアート・アル・モンテ教会／修道院
ⓞ サン・ピエル・マッジョーレ教会
ⓟ サンタ・フェリチタ教会

施療院

㋐ ボニファチオ施療院
㋑ インノチェンティ捨て子養育院
㋒ サン・パオロ施療院
㋓ サンタ・マリア・ヌオーヴァ施療院
㋔ サン・ガッロ施療院
㋕ オルバテッロ
㋖ ビガッロのロッジャ

公共建築・広場・街路・橋

A バルジェッロ宮殿（旧ポデスタ宮殿，現美術館）
B ロッジャ・デイ・ランツィ
C メルカンツィア（商事裁判所）
D ヴェッキョ宮殿
E ウフィツィ宮殿（現美術館）
F 旧市場（現レプッブリカ広場）
G シニョリーア広場
H カルツァイウオーリ通り
I サン・ガッロ通り
J ドゥオーモ広場
K ミケランジェロ広場
L サンタ・マリア・ノヴェッラ広場
M サンタ・クローチェ広場
N サンティッシマ・アンヌンツィアータ広場
O グラツィエ橋
P ヴェッキョ橋
Q サンタ・トリニタ橋
R カッライア橋
S ヴェスプッチ橋

サン・ガッロ門
バッソ要塞
ファエンツァ門
セルヴィ門
(ピンティ門)
プラート門
モリーナ門
サン・フレディアーノ門
ヴォルテッラーナ門
(カマルドリ門)
アルノ川
サン・ニッコロ
サン・ミニアート門
サン・ジョルジョ門
ボーボリ庭園
ベルヴェデーレ要塞
サン・ピエロ・ガットリーノ門
(ローマ門)
1170年代の市壁
1284-1333年の市壁
0
1000メートル

引用図版出典一覧

第 1 章扉，図 1-4，図 3-1，図 9-5……G. Fanelli, *Firenze*, Bari / Roma, 1980.

図 1-1，図 2-3，図 4-1，図 4-2，図 4-4，図 6-7，図 9-6……G. Brucker, *Florence: The Golden Age, 1138-1737*, New York, 1984.

第 2 章扉，図 7-6，図 9-7，図 9-8，図 10-2……*La stanza delle meraviglie. L'arte del commercio a Firenze. Dagli sporti medioevali al negozio virtuale*, Firenze, 1998.

図 3-5，図 8-9，図 8-10，図 9-2……ジュリオ・カルロ・アルガンほか（望月一史訳）『新編 ウフィーツィ美術館』岩波書店，1997 年.

図 7-7，図 7-8……D. Balestracci, *La festa in armi. Giostre, tornei e giochi del Medioevo*, Bari / Roma, 2001.

図 8-6……柳宗玄『岩波美術館 テーマ館第 1 室 ひとの顔』岩波書店，1983 年.

図 8-7……ジャン＝クリストフ・バィイ（小勝禮子・高野禎子訳）『西洋絵画の流れ── 名画 100 選』岩波書店，1994 年.

図 9-4……ウィキメディア・コモンズ（撮影：Sailko 氏）.

（地図・系図）

巻頭……ジーン・A. ブラッカー（森田義之・松本典昭訳）『ルネサンス都市フィレンツェ』岩波書店，2011 年所収の地図を修正作図.

図 1-2……Fanelli, fig. 4 に基づき作図.

図 2-1……Brucker, p. 25 に基づき作図.

図 4-3……北田葉子『近世フィレンツェの政治と文化』刀水書房，2003 年所収の系図を修正作図.

第1章

ローマの植民市とキリスト教の普及

前6世紀から9世紀

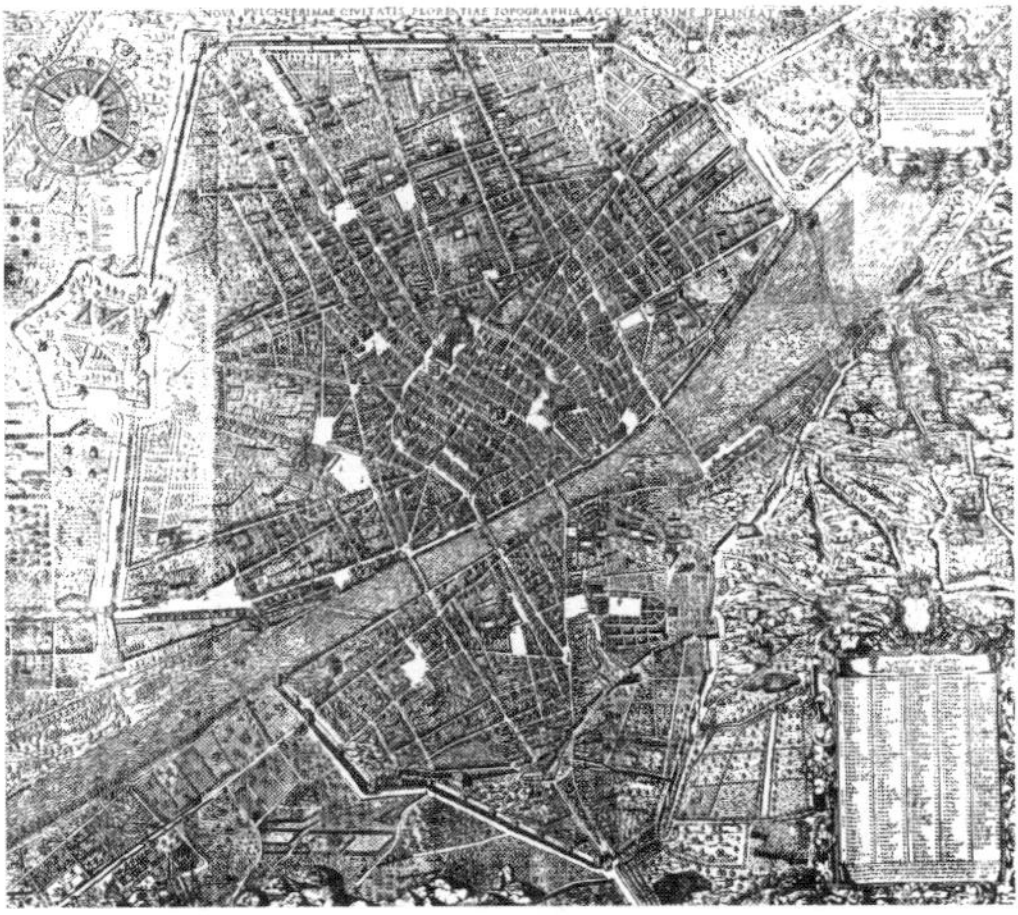

フィレンツェの都市図(16世紀). 中央の矩形部分がローマ期の都市遺構にあたる

フィエーゾレの建設

古代のフィレンツェを語る前に、まずは「フィレンツェの母」たる、フィレンツェの北東八キロの丘の上の町フィエーゾレについて考えてみよう。

発掘調査によると、トスカーナ周辺にはすでに新石器時代末期から青銅器時代初期(前四千年紀末―三千年紀初頭)にかけて人が住んでいたようだ。前一〇―八世紀になると、北方からアペニン山脈を渡ってきたインド・ヨーロッパ語族のイタリキ人らが、交通の要衝であるこの地に定着し、沼沢地の上にある台地や川の合流点に粗末な掘っ立て小屋を建てて住み着いた。

ついで到来したのがエトルリア人である。神秘的な自然や神々への信仰と高い芸術能力・建築技術で知られる彼らは、前九―八世紀頃、北方あるいは地中海のいずこかからトスカーナにまでやって来た。彼らの伝統的習性で、平地でなく川の近くの丘を好み、アルノ川とムニョーネ川との合流点に近いところに好適な地理を見出し、そこに彼らは要塞都市としてのフィエーゾレを建設した。

フィエーゾレは、前四世紀には、トスカーナ・エミリア両地方にまたがるアペニン山脈南麓のもっとも重要なエトルリア都市に成長した。前三世紀にはローマと同盟を結んだものの、前九〇年の同盟市戦争に際して反乱を起こし、ルキウス・ポルキウス・カトーによって占領された。そしてユリウス市民権法により、その行政的独立は失われてしまった。さらに数年後、前八三―八二年の内戦でマリウスの味方をして反乱したために、スラの軍隊に占領され、フィエーゾレの住民の全財産が奪われた。スラは配下の古参兵に土地と財産を与え、かくて正式に「ローマ領フィエーゾレ」が誕生することになったのである。

図 1-1　フィレンツェからフィエーゾレを眺める(15 世紀の写本挿絵)

やがてフィエーゾレはこの地域の中心地になり、ローマ風の城砦、フォールム(中央広場)、劇場、諸神殿、テルメ(浴場)設備などが次々と建造されていった。アクロポリスは丘の頂上に造られ、今日ではサン・フランチェスコ修道院になっている。そして五世紀の蛮族侵入まで、この町は比較的繁栄を享受した。市壁に囲まれた市内には一万人以上の住民がいた。五世紀初頭には、後述するようにスティリコが指揮する西ローマ帝国軍と、ラダガイススが率いるゴート族の戦いの戦場となった。

その後、東ローマ(ビザンツ)およびランゴバルド(七七四年滅亡)時代に、フィエーゾレの政治権力は司教たちに握られたが衰退していった。それは、隣接するフィレンツェの経済的・政治的影響の増大と比例した傾向で、ついに一一二五年に征服され、その後はフィレンツェの一部として、おなじ運命を辿るのである。

前五九年、ローマ植民市フロレンティア建設

では、「フィエーゾレの娘」というべきフィレンツェの古代の歴史は、いかに展開したのだろうか。一九世紀末フィレンツェ中心部の都市再整備の工事のときに集まった考古学的発見に加えて、より最近のシニョリーア広場およびドゥオーモ広場その他での発掘で、その間の事情がある程度わかってきた。

フィレンツェ周辺には、フィエーゾレと同様、イタリキ人についでエトルリア人が到来したようだ。後述のようにフィレンツェがローマ都市として建設されたのは確かだが、考古学者の間では今なお大いなる論争がある。それは、現在のフィレンツェの場所にたんに少数の家屋からなるフィエーゾレの出先村がいくつかあって、市場と通商港の役割を果たしていた、というに留まらず、そうしたレベルを超えて、かなり大きな町がローマの植民市になる以前にあった

のかどうか、という論争である。

確実にローマの建設都市になったのは、ユリウス・カエサル(前一〇〇―前四四)が前五九年に、国有地を農地として主に退役兵士への手当代わりに貸与するユリウス農地法を発布したことが契機である。その結果、およそ前三〇―前一五年の間、すなわちアウグストゥス時代にかけて、カッシア街道沿いの城塞都市としての都市造りが進んでいったのである。まず中心のフォールムが設営される。広場の西側にはローマの主神ユピテルを祀ったカピトリウムが建てられた。その装飾されたティンパヌム(ペディメント＝三角形の切妻壁)は八本の白大理石製円柱で支えられ、そこにはユピテル、ユノ、ミネルウァの三神像安置室に連なる装飾用階段が繋がっていた。またその近くには都市行政官が集まる厳めしい元老院議事堂も出来た。

ローマの都市建設では、何より先に祭祀と政治の中心となるカピトリウム神殿と議事堂、および東西南北四つの主要門が造られる。市壁が出来るのは何十年か後である。その際、市の周囲の掘割のすぐ外には「ポメリウム」という、わざと未耕作にとどめた地条からなる聖なる帯が設けられた。新たな都市建設者は犂によってこの帯を描き、その内部空間は居住地域に供された宗教的ゾーン、外部は公有地とされた。

かつてエトルリア人らの間では、囲壁建設予定の場所を卜占官が聖化するとともに、石の境界標識を固定してから町の囲壁を造るならいであり、その前後の空間はいかなる建物も造ってはならず、居住・耕作も禁止された。聖なる帯によって境界線を画するこの慣行は、エトルリア人を引き継いでローマ人によっても帝政時代まで行われたのである。

市壁以外には、大きな石の塊での道路舗装のほか、水道橋、地下水道、下水設備、井戸、テルメ、劇場、円形闘技場、アルノ川上の橋、川湊などが、紀元後二世紀にかけて造られた模様である。現在でもそうした古代建築の痕跡は、各所に認められる。

ローマによって新しく建設されたのか、エトルリアの既存都市に取って代わったのか、両論があるが、いずれにせよ、この建設植民市としての「フロレンティア」(春の花の祭り ludi floreares に由来)は、ローマがより古いエトルリアの都市フィエーゾレを、アルノ川およびその支流と結びつけ、またその政治的忠誠心をより確実かつ効果的にコントロールするため、というのが当初の目的だったと推察されよう。

フィレンツェは、二世紀のハドリアヌス帝(在位一一七―一三八)の時代、地域の再編事業にからんで大いに発展した。すなわちそれは、執政官街道としての「新カッシア街道」via Cassia Nova/via Adrianea が実現して、フィレンツェがローマから北イタリアにいたる道程の諸街道の重要な結節点、通商の場となったからである。そして三世紀にかけてアフリカや中東、南イタリアやフランス、スペインからも物資・商品が届けられた。二―三世紀には人口は一万人を上回っていたことだろう。住民は市壁をはみ出て住み着くことになり、建築熱がポメリウムをも越えていく。とともに、町全体の再開発が行われた。

その後フィレンツェは、古代末には中部イタリアの重要都市に成長し、ディオクレティアヌス帝時代(在位二八四―三〇五)の行政改革とともに、「トゥスキア(トスカーナ)とウンブリア地方の首都」として地方総督の所在地となる。それでもゲルマン民族の侵攻によって徐々に衰え、人口減少と周辺農村の荒廃が進んでいく。

都市の縦軸と横軸

ローマ人の都市建設には際立った特徴がある。それは碁盤目のような規矩《きく》正しい町並みを造ることである。古代フィレンツェにおいても、南北の主軸「カルド・マクシムス」と東西の主軸「デクマヌス・マクシムス」を中心の十字路とする、大きな碁盤目状の市街地が造られていった。

カルド(現在のローマ通りとカリマーラ通り)とデクマヌス(現在のストロッツィ通りからコルソ通り)の十字の交点がフォールムで、現在のレプッブリカ(共和国)広場の四分の一くらいの大きさだった。市壁はテラコッタ(煉瓦)製で、全周約一八〇〇メートル、そこに四つの主要門が主軸道路と市壁の接点に設けられた。さらに四つの主要門に対応して二つずつ丸い塔が市壁から立っており、約五〇メートルおきに他の塔もあった。四辺形の市壁の各辺に対応するのは、北は今

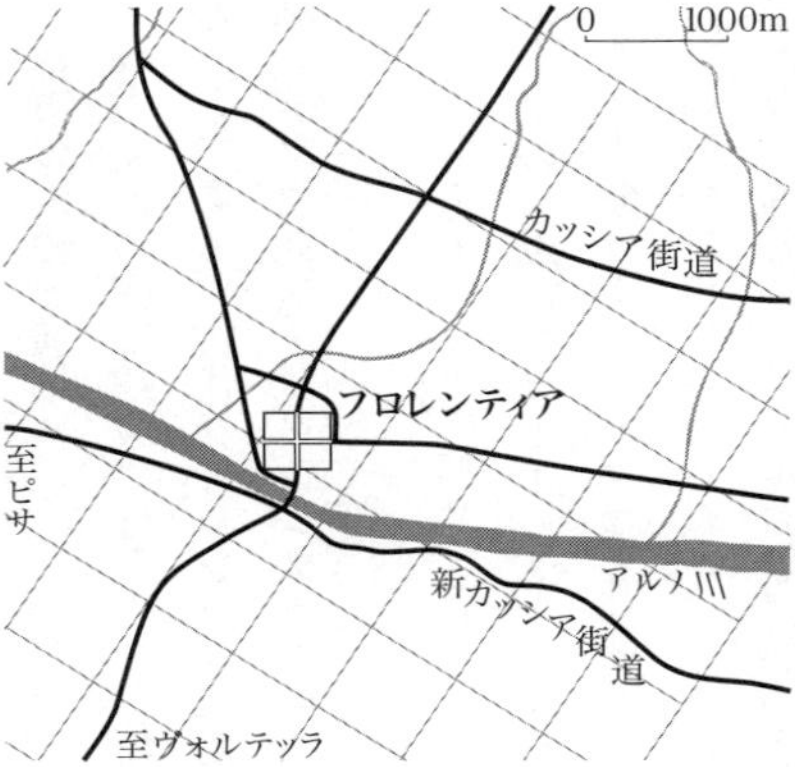

図1-2 ローマ期の都市・農地プランと主要街道

のチェッレターニ通り、西はトルナブオーニ通り、東はプロコンソロ通りだが、南側についてははっきりしない。

驚嘆すべきことに、今日までフィレンツェの中心にはこのローマ時代の規則的な街路と広場のグリッドが残っている。中世以降にはより狭くくねったりアーチが被さったような脇道が増殖していったが、中心部の碁盤目の存在は変わらなかった。壁で囲まれた市街の面積は約二一ヘクタールで、七つのカルド(南北街路)と六つのデクマヌス(東西街路)が約五〇の四角い区画を作っていたのである。

もうひとつ、カエサルの法律による植民というのは、植民者に農地経営をさせることを目的にしていたが、フィレンツェ周辺の農地は、ケントゥリアティオ(ほぼ七一〇メートルを一辺とする正方形)で規則的に区画しながら整備された。現在でもフィレンツェの西の平野には――農地に適用された――ケントゥリアティオの跡が見える。

東西約五〇〇メートル、南北約四〇〇メートルの矩形の碁盤目が、中世以降現代まで、ずっと都市の中核部分に残りつづけ、また周辺農村部も規則的・合理的な区画単位で仕切られていたフィレンツェ。こうした「地下に埋もれた古代」は、フィレンツェのコムーネ（自治都市）とその住民の生活態度や心性を、地霊のようにその後も長い間規定しつづけたに違いない。

人文主義者のフィレンツェ神話

ところで、まさにその古代ローマとの直結に関して、中世の年代記作者によってある伝説が紡がれた。それはカティリナにまつわるものである――

カティリナはローマ共和政末期の貴族・政治家で、再度にわたる執政官（コンスル）選挙で落選の憂き目にあった。しかし彼は零落貴族、破産退役兵、貧民、不満分子の間に勢力を広め、前六三年、これらの徒党や野心的な元老院貴族の支援のもとに政権奪取の陰謀を企てた。公敵と宣告された彼はフィエーゾレへと逃れ、そこでローマへの不満を抱える者たちに歓迎されると、自ら執政官だと称した。ローマから派遣された討伐軍と激しく争い合い、その戦いでローマ側の指揮官フィオリーノが戦死する。援軍が派遣されてカティリナ一党は討伐され、フィエーゾレは陥落、カエサルは近くに新しい都市を、戦死した指揮官フィオリーノにちなんだ町として造った――というものだ。たしかにカティリナはフィエーゾレに来たが、フィレンツェの名祖のフィオリーノはまったくの文学上の虚構である。

著名なヴィッラーニ兄弟(一四世紀前半)の『年代記』にも、ローマを起源とするフィレンツェとフィオリーノの逸話が登場する。中世のフィレンツェ人にとっては、フィレンツェはカエサル時代に創建された「小さなローマ」、「ローマの高貴なる娘」に他ならなかった。

その後、一五世紀のルネサンス期になると、フィレンツェの輝かしさを称える伝説が、人文主義者たちによってさかんに唱えられ始めた。第六章でより詳しく取り上げるが、人文主義(ユマニスム)というのは、古代ギリシャ・ローマの著作家の作品の文献学的研究およびそれを模範にした諸ジャンルの作品の創作に努める中で、同時代人の徳性の涵養・向上をめざす運動である。その実践者を人文主義者(ユマニスト)という。

まず、フィレンツェの人文主義の起源になったフィレンツェ市の書記官長コルッチョ・サルターティ(一三三一—一四〇六)は、ライバル都市であるミラノの君主制を代弁する人文主義者と論争を展開し、相手への駁論の中でフィレンツェ人は「自由」を何より大切に守ろうとしたのだと強く説くとともに、フィレンツェのローマ起源やそのユニークな文化遺産を論じている。またサルターティを境に、カエサル(帝政)からスラ(共和政)へとフィレンツェの自由や優位性の根拠が移った。

サルターティとおなじく書記官長に就任した人文主義者レオナルド・ブルーニ(一三七〇頃—

一四四四)の『フィレンツェ讃』(一四〇四)は、フィレンツェ賛美の書として有名で、そこで彼は古代ギリシャにおけるアテナイの位置をイタリアにおけるフィレンツェに与え、幾何学的に美しく調和した都市の地誌と建物群が、「均整」の美徳を反映しているとする。

が、後年の『フィレンツェ人の歴史』(一四二九)では、フィレンツェの創建者はスラによってフィエーゾレに送られたローマ市民の開拓民たちだと説き、彼らは同盟市戦争で活躍した有為で勇敢な古参兵だったが、スラによる好待遇でにわかに富裕になると、多くの奴隷を抱え、諸々の公共建築物以外に私的な御殿建設、豪華な宴会、大スペクタクルなどに湯水のごとく金を使い、借金まみれになるほど贅沢してしまったのだという。この町はその濫觴からまさに壮麗なローマ風建造物に覆われていたのだ……。

ついでアンジェロ・ポリツィアーノ(一四五四―一四九四)というやはり有名な人文主義者によると、植民市フィレンツェは、カエサル亡き後、三頭政治の政治家すなわちアウグストゥス、マルクス・アントニウス、マルクス・レピドゥスによって建てられた。つまり、フィレンツェは歴史上唯一、三人の将軍によって建てられた町であり、そのうち一人(アウグストゥス)はもっとも偉大な皇帝になった人、今一人(レピドゥス)は大神官 pontifex maximus になった人物である。さらに、最初のフィレンツェ人はかくも有徳なので、あらゆる軍事衝突を克服できた……とも指摘している。

このような人文主義者によるフィレンツェ神話は、まったくの創作ではなく、ローマの著作家に拠るところも多い。また現実に残っている遺跡を証拠に持ち出してもいるのだが、問題は、ローマ滅亡後の長い時代に次々入ってきた諸民族の功績(あるいは被害)をまったく括弧に入れてしまって、古代を同時代と直接繋げようとした点であろう。そしてこうした言説に啓発されたルネサンス期の詩人らは、こぞって古代ローマと直結したフィレンツェの雄姿を称え謳ったし、主だった市民たちも、半ば現実、半ば伝説の都市創建物語を信じて疑わなかったのである。

古代ローマ都市としてのフィレンツェは、現実にその幾何学的形態および神々の像によってその後長きにわたって影響を及ぼすとともに、中世から一五世紀にかけてクレッシェンドをなすように、想像力の面でも波紋を広げていったのである。

だがもうひとつ、やはり一四世紀以来、ローマ神話に対置される「エトルリア神話」もフィレンツェと結びつけられていったことを覚えておこう。すなわちエトルリアは、ローマ以前にトスカーナ地方全体を治めていたが、専制政治に抗する気概と自由への熱烈な思いはローマと戦ったエトルリア人に漲《みなぎ》っていた。だから共和制的な自由の揺籃地こそトスカーナだ……との神話である。

一六世紀にトスカーナ大公になったメディチ家は、フィレンツェの起源をノアに求めるこのエトルリア神話の新バージョンを奉じ、かつてのエトルリア諸都市をひとまとめにしたトスカーナ大公国支配を正当化するとともに、教皇と火花を散らすなど一時的な反ローマの立場も申し開きしてみせたのである。

ゴート族、ビザンツ人、ランゴバルド人の争い

三七五年、中央アジアから西進してきたフン族に押されてゴート族がドナウ川を越えローマ帝国領内に入ると、玉突きのように諸ゲルマン人の移動が始まった。五世紀初頭、さらにフン族が西に動くと、ラダガイスス率いるゴート軍が他のゲルマン部族をも糾合し、北イタリアを狂奔して荒らし回り、トスカーナにも襲いかかろうとした。しかしフィレンツェにいたる前に、四〇五年フィエーゾレ付近で、ヴァンダル族出身の将軍スティリコ指揮下の西ローマ帝国軍が急襲して打倒したため、フィレンツェはからくも破壊を免れた。

その後、東ローマ(ビザンツ)帝国の軍司令官になっていた西ゴートのアラリック一世(在位三九五―四一〇)は、東ローマ帝国と反目してイタリア半島に軍を連れて侵入したが、皇帝ホノリウス(在位三九三―四二三)時代の西ローマ帝国は、ある程度安定を取り戻した。ところがその死後はまたヴァンダル族および東ゴート族の侵攻で混乱した。最後の西ローマ皇帝ロムルス・アウグストゥルス(在位四七五―四七六)がゲルマンの傭兵隊長オドアケルにより廃位させられ、西ローマ帝国が滅亡したのが四七六年であった。その後、八世紀後半のカロリング朝フランク王

国の定着までのフィレンツェ周辺地域は、諸民族が争い合う戦場となって混乱した。

コンスタンティノープルで教育を受け東ローマ帝国の軍司令官・執政官にもなったテオドリック(在位四七四―五二六)が四七四年に東ゴートの王になり、四八九年、皇帝の招きでオドアケルに対抗するべくアルプスを越えてイタリアにやって来た。彼はオドアケルを打倒して、四九三年皇帝からイタリア王位を認められた。彼の支配下で比較的平和な時期がつづき、フィレンツェは北イタリアとローマを結ぶ結節点となって、交易的にも重要地点として外来商人が行き来した。

だがテオドリックが五二六年に亡くなった後、東ゴートの政治は不安定化し、五三五―五五三年ビザンツとの戦争がつづいた。ビザンツ帝国軍の駐屯地となったフィレンツェもゴート族に攻囲され、かつての古代の建物は放棄されたり崩壊したりし、人口も減少した。ラヴェンナからの援軍のおかげでゴート軍は打倒された(ムジェッロの戦い、五四一―五四二)が、フィレンツェは弱体化し、五五三年から二〇年ほど、ラヴェンナ総督の支配下におかれた。ユスティニアヌス帝(在位五二七―五六五)は苛政を敷いたが、その時期にキリスト教が広まった。

やがてランゴバルド人がパンノニア(現スロバキア、ハンガリー周辺)から北・中部イタリアにやって来て、五七四年から二〇年以上ビザンツ勢力と争った。フィレンツェはじめトスカーナ各地が略奪され、飢饉・疫病に苦しめられた。だがランゴバルド支配下のフィレンツェは、かならずしもビザンツ時代ほど悪い状態ではなかったとの説もある。ランゴバルド王国の首都はパヴィアにあり、トスカーナ公国の首都にはルッカが選ばれた。また安全上の理由から、ランゴバルド人はフィレンツェを通らない、より西方の──後にフランチジェナ街道となる──道をローマへの街道として整備することになったため、フィレンツェは、主要街道からは外れてしまった。

こうしてフィレンツェは二流の扱いを受けたが、そこには平穏を保てる効用もあった。その間に、ローマの建築物を公共的なものから私的利用、つまり住居、職人の作業場や店舗、またいくつかの教会や塔などに模様替えすることも行われた。要するにランゴバルド期は、古代的フィレンツェから中世的フィレンツェへの移行期だったのである。

最初期のキリスト教徒の定住地

ゲルマン諸民族とビザンツの争い合う混乱の時期、古代末から初期中世にかけてのフィレンツェは、しかしその後の歴史にとって重要なステップも刻んだ。キリスト教の定着である。

この町にキリスト教を伝えたのは、東方からやって来たシリア商人で、二世紀頃のことだと考えられている。そして小さいながら東方起源のキリスト教共同体が出来たのだろう。伝説によると、そのうちのひとりミニアスは、三世紀半ばのデキウス帝の大迫害の際、捕らえられてサーカスの野獣に貪り食われる刑に処されるが、獣は彼に襲いかかろうとしなかった。そのため円形闘技場で斬首された。ところが首を切られた彼は、それを自ら拾い上げて、住処としていた現在のミケランジェロ広場近くの洞窟まで歩いて亡くなった。その後には一群の天使たちが付き従っていたという。彼が埋葬された近くの丘には、八世紀に教会が建設され、それが一一世紀に造り直されたのがサン・ミニアート・アル・モンテ教会である。

図1-3　サン・ミニアート・アル・モンテ教会 Getty Images

伝説の真偽はともかく、フィレンツェには、二―五世紀に少なくとも四つのキリスト教の核があった。①アルノ川左岸つまり南側＝オルトラルノのサンタ・フェリチタ教会周辺の墓地区域。市壁外の人口の少ない区域だが、小アジアやシリアからの商人たちが住み着いていた可能性がある。五世紀初頭以降のキリスト教徒の墓碑が五〇以上発見されている。②オルトラルノの墓地区域とは対極に位置し、やはり市壁の北側の外部にあったサン・ロレンツォ教会(殉教者教会)の区域。③市壁内の北縁の地区で、そこには四世紀末ないし五世紀初頭サン・サルヴァトーレ教会――九世紀にサンタ・レパラータと名前を変える――があった。これは洗礼のための教会でもあるが、しかし今あるサン・ジョヴァンニ洗礼堂の元ではない。司教座ないし司教館の起源の一部だろうか。④古代末に今のシニョリーア広場にもうひとつ教会が出来、普通サンタ・チェチリア教会と呼ばれている。チェチリアに捧げられたのは次の二代目の中世教会であり、もともとはアリウス派の教会で、洗礼用だったとも考えられる。もちろんこの時期には、他にも多数小さな教会が建造された。

古代末のフィレンツェのキリスト教の歴史上、重要事件のひとつは、三九四年頃ミラノのアンブロシウスがやって来て、アリウス派に対抗したカトリックの教えを堅固に守らせるべく、しっかりした信仰のザノービをフィレンツェ司教に任じ(すでに三八〇年頃フィレンツェ民衆により歓呼の声で直接司教に選ばれていたとの説もある)、また同時に新たな司教座聖堂としてサン・ロレンツォ教会を献堂したことである。ザノービは最初の司教として知られる重要人物だが、四世紀初頭から司教がいた可能性は大きい。

サン・ロレンツォ教会さえ市壁外であったことが示しているように、初期の教会は、商業の中心地から遠く外れた周縁に建てられた。フィレンツェ史を古代からルネサンス期まで通覧していくと、「キリスト教は外部・周縁からジワジワ浸透する」というような原理を見出せそうだ。古代には「二つのフィレンツェ」があったのではないだろうか。ひとつはアルノ川北側の右岸に造られた「異教的なローマ都市フィレンツェ」。もうひとつは、二—三世紀にその対岸のオルトラルノに形成される、（現在の）サン・ミニアート・アル・モンテ教会からサンタ・フェリチタ教会にかけての「キリスト教的なフィレンツェ」である。そして一〇〇〇年くらいの長い年月をかけて、徐々にこの第二のフィレンツェの精神が第一のフィレンツェに浸透していくのだ。

より後の時代から振り返ってみると、これは一一世紀のヴァロンブローザ修道院の改革でも、さらには一三世紀の托鉢修道会の到来に際しても繰り返されたトポス間の対峙・交感なのである。このキリスト教の外部からの浸透は、もちろん新来商人・職人、労働者らをコムーネの新たな市民として取り込む趨勢とも重なっている。

もう一点、ランゴバルド人の文化的水準は高くなかったが、七世紀から徐々にキリスト教に改宗し、それとともに、貴族たちは町に宗教的組織を取り揃えようと努めた。ここで着目したいのが、彼らによってフィレンツェに聖ミカエル崇敬が根付いたことである。ランゴバルド人の民族的守護聖人聖ミカエル崇敬のため、サン・ミケーレ・イン・パルケット、サン・ミケーレ・ベルテルデ、サン・ミケーレ・イン・オルト（オルサンミケーレ）、サン・ミケーレ・ヴィスドミニなどの教会が建てられたのである。彼らはとりわけ、ゲルマンの主神オーディンに重なる戦士の天使としての聖ミカエルの性格を好んだ。これは、フィレンツェを「男性的な町」とする気風を強めたことだろう。

カロリング期における復興

ランゴバルド人は、八世紀になるとビザンツ帝国の内紛に乗じて、イタリア半島で領土を拡大していった。世紀前半のリウトプランド王の時代、効果的な行政機構を整えるとともに、彼らは支配地域のローマ人と融合していき、言語・法・習俗・宗教などもローマ化していく。

だがランゴバルド人が新たにローマ侵攻を企てるや、教皇はカロリング朝のフランク王ピピン三世（在位七五一―七六八）に救援を求めた。フランク王国の宮宰であったピピンは、七五一年のメロヴィング朝簒奪を教皇に正当化してもらい、恩義を感じていた。七五六年にはピピンの軍隊がイタリア半島に南下し、リウトプランドの後継者アイストゥルフから征服地を奪回して休戦する。ところが次の王、デシデリウスがまたもや教皇への攻撃を仕掛けると、七七三年、救援に呼ばれたピピンの長子カール大帝（在位七六八―八一四）がイタリアに遠征し、ランゴバルドの首都パヴィアを陥落させてランゴバルド王国を滅ぼした。

フィレンツェに関しては、カール大帝が根本的に市政を再編した証拠はなく、むしろランゴバルド時代からの継続がカロリング期の政治体制の特徴であった。というのも大半のランゴバルドの公たちはすぐにカールに帰順し、その職に留まったからである。しかしカールの皇帝戴冠（八〇〇）後は、ランゴバルドの公はフランクの伯および封臣に取って代わられた。しかしフ

図 1-4　バディーア・フィオレンティーナ（左）とバルジェッロ宮殿（右）（18 世紀の版画）

イレンツェに伯はおらず、ルッカから派遣された代理たる副伯のみだったとも考えられている。つまりカロリング期、中央からの締めつけは弱まったのである。

八五四年には、ロタール一世（在位八一七―八五五）はフィレンツェとフィエーゾレを併せてひとつの伯領とした（初出史料は八八七年）。かくてフィレンツェはトスカーナ最大にして最重要の伯領の首府となり、アペニン山脈の尾根からシエナまで、ピストイアからアレッツォまでの広大な領域の主導権を握った。八世紀末には人口は二〇〇〇―二五〇〇人だったが、九世紀には倍増した。そして九世紀末と一〇世紀初頭の間に、マジャール人の侵入から町を守るべく、新たな市壁が造られた（中世最初の市壁）。

またカロリング期には、キリスト教も大いに成長した。財産・土地を付与された教会・修道院の新設もあったが、それ以上に司教の活躍が大きい。フィレンツェ司教アンドレア（在位八六九―八九三）は、それまでのしかかっていたフィエーゾレの司教の影響圏から脱し、フランク国王（ローマ皇帝）の保護を積極的に求めて裁治権のインムニテート（免除特権）他の特権を得た。加えて彼は司教座をサン・ロレンツォ教会から今のドゥオーモとサン・ジョヴァンニ洗礼堂の間の地区（後にサンタ・レパラータと名付けられる）に移して、その後の都市の宗教地理を定めた。つまりこの時点で、キリスト教が古代の市壁の中に入り、ローマ的地誌とがっしりと手を組んだのである。

伝説では、初代司教ザノービの遺骸を移すと、ドゥオーモ近くの枯れたニレの木が再び花開いたという。キリスト教が政治・社会の中心に来る、つまりキリスト教を考慮しないでは、統治も社会生活もできない時代がやって来たのであり、これは以後、ルネサンス、近代初頭までつづく事態である。アンドレアはまたカロリング朝の法制に従い、聖堂参事会員の館を建設し、司教館を改築した。九世紀にはフィレンツェの司教座付属学校の質の高さも名声を博し、文化都市として内外に知られるようになった。

司教座のほかに、重要な修道院が市壁内に加わった。すなわちトスカーナ辺境伯ウベルトの寡婦ウィッラは、市内の土地をベネディクト会に寄進して、九七八年、亡き夫の記念にバディーア・フィオレンティーナという修道院を建設したのである。これは、古代ローマ都市時代のフィレンツェの東端、バルジェッロ宮殿と向かい合ったところにあるが、その後多くの特権を与えられ財産を殖やして、都市の威信に繋がった。

またこのカロリング期およびポスト・カロリング期には、司教と農村に地盤を持つ貴族たちとの関係網、並びに保護者と庇護民――パトロネージ――のネットワークが出来、それが一一世紀からのコムーネの発展に貢献する。

第2章

都市国家の誕生と発展

10世紀から14世紀半ば

アレッサンドロ・フェーイ「金細工師の工房」(1570年, ヴェッキョ宮殿)

一〇世紀から一四世紀という、盛期中世から後期中世にいたる時代は、ふたつの点でフィレンツェ、より広くは中・北イタリア諸都市における巨大な地殻変動があった。ひとつはコムーネ(自治都市)の成立・発展であり、もうひとつはキリスト教のいっそうの浸透と「都市の宗教」化現象である。

トスカーナ辺境伯とコムーネの成立

まずイタリアでコムーネが成立するには、次のような背景があった。カロリング朝フランク王国は、八一四年のカール大帝の死後、弱体化・縮小していき、東・中部・西の三つに分割される。さらにイタリア半島を含む中部フランクは、八七〇年のメルセン条約によって東と西に割譲されたため、イタリア半島は東フランクすなわち後の神聖ローマ帝国の一部となった。そして神聖ローマ皇帝の宮廷からアルプスを隔てて遠いこと、またカトリックの本山たるローマ教皇庁を擁していたことから、貴族階級は皇帝に対して自律的・遠心的な態度を取るようになった。彼らは農村に割拠する封建領主として、互いに争いつつ自領を固めていったため、中・

北イタリアは、無数の行政区に分割されてしまった。

すでに見てきたように、カール大帝以後、フィレンツェは名目的で実体のあまり伴わない伯が支配していた。八四七年にバイエルンの貴族家系出身のアダルベルト一世はその権力をフィレンツェおよびフィエーゾレ両伯領にまで拡張し、はじめて辺境伯――伯より広範囲かつ強力な軍事他の権限を持つ――の称号を身に帯びた（八五四年にはフィエーゾレ伯領はフィレンツェのそれと統合した）。かくてトスカーナ辺境伯領は、存在感を大きくしたのである。

一〇世紀第1四半期末には、カール大帝の血を引くユーグ・ド・プロヴァンスがプロヴァンス辺境伯としてトスカーナをも支配したが、その孫がおなじくユーグ（ウーゴ）という名で、父ユベール（ウベルト）を継いで、九七〇年に皇帝オットー一世によりトスカーナ辺境伯に任命された（それ以前から辺境伯を名乗っていた）。

当初トスカーナ辺境伯は、ルッカにその中心をおいており、フィレンツェには副伯やカスタルド（土地管理役人）が代理で駐在するのみであったのだが、一一世紀半ばになり、伯夫人ベアトリーチェが夫の死後、ロートリンゲン公ゴットフリートと再婚すると、後者が一〇五七年に辺境伯になりフィレンツェに中心拠点を定めた。ついで継子のマティルダ（一〇四六―一一一五）が一〇六九年に後を継ぐや、フィレンツェ重視への政策変化がはっきりしたのである。

さらに幸いであったのは、ヨーロッパ全体を揺るがしたグレゴリウス改革への、この女伯マティルダの熱意であった。グレゴリウス改革とは、教皇グレゴリウス七世時代(在位一〇七三―一〇八五)を中心に、その前のレオ九世から始まり、カリクストゥス二世時代のヴォルムス協約(一一二二)までつづいた教会改革運動である。その目標は世俗権力の干渉から教皇・聖職者を守ること(とりわけ聖職叙任権をめぐる皇帝との争いが喫緊の懸案だった)、聖職者妻帯と聖職売買の禁止、教皇至上権の確立などであった。マティルダはグレゴリウス改革において教皇側につき、両者の調停役を果たして――いわゆる「カノッサの屈辱」事件(一〇七七)――声望を高めた。

マティルダは継父から辺境伯領を継いだ一〇六九年から数十年、トスカーナと中部イタリアを領主として支配していたが、夫との関係は冷え切っており、それでキリスト教への帰依が篤くなったのだともいわれる。しかし彼女が皇帝から距離を取り、一貫して教皇側についたことが重大な結果に繋がった。というのも、フィレンツェの有力者たちはマティルダ女伯を支えた見返りに多くの特権を得たほか、マティルダ自身の権威は皇帝から由来していたのだから、結果として彼女のフィレンツェに対する権力が弱まってしまったのである。

決然と教会改革に参与しようとしたフィレンツェの取り組みにより、このトスカーナのいまだ小さな都市は、とりわけ一〇三五―一〇六五年の間、キリスト教世界における改革の中心、国際政治の表舞台に躍り出た。かくして徐々に自信を強めたコムーネが台頭し、かつて皇帝の役人が持っていた公的な義務と責任を奪って自ら担い、自治を行うようになっていくのである。

フィレンツェのコムーネとしての共同体意識は、一一二五年に母なるフィエーゾレを破壊して、フィレンツェの敵たちが結託するのを永遠に防いだときに、一気に高まる。

ここで先取りして確認しておけば、大きな見取り図として、向後、ローマ教皇と神聖ローマ皇帝とのパワーゲームがフィレンツェの歴史の基調をなし、一三世紀後半以降、とりわけ一五世紀からはそこにフランス国王の野心が大きく絡まってくる……と見通せよう。

文明化装置としてのコムーネ

イタリアのコムーネは、政治・経済・社会・宗教・文化全般にわたる、盛期中世の一大文明化装置であった。それは、一方で都市民化した農村貴族、他方で商人・職人の両者の力で作り上げられていったのであり、北方ヨーロッパのコミューン運動のような平民と領主との激しい闘争を経ることはなかった。

自治の目印となるのが、史料に「コンスル(コンソレ)」という執行役人が登場することである。おなじトスカーナ地方の中では、ピサが一〇八五年ともっとも早かったが、フィレンツェでは一一三八年に四人のコンスルの名が史料に現れる(その前、一一一五年に帝権からの自由を主張して自治都市宣言を行っていた)。コンスルは、毎年「市民集会」parlamentum に集まるコムーネのメンバーによって、有力家系から選ばれた。

つづいて一二世紀後半になると、立法能力のある小さな評議会が一二人のコンスルで形成された。そのほかに「賢人」boni homines＝有力市民によって構成される一〇〇―一五〇人の評議会があり、法律制定、討議・助言の機能を持った。彼らの多くは騎士身分を有する貴族で、法学の訓練を積んだ者もいた。また一年に四回の日曜に、ドゥオーモ（サンタ・レパラータ）で市民集会が開催された。これにはコンスルの行動を承認したり、他のコムーネや権力者との条約を批准したり、役人の義務を定めた条令や勅書を裁可したりする役割があった。

この時期には、フィレンツェはすでに皇帝や教皇の介入に抵抗し、自分たちで徴税・防衛・秩序維持・利害調整をする本格的な自治都市に成長して、裁治権を拡大した。さらには支配を市壁外、すなわちコンタード（周辺農村領域）にも広げて封建領主の塔や城砦を征服していったのである。

ところが市内においては、貴族たちが封建的な旧習を持ち込んで争い合っていた。当初コムーネ政治の役職も彼ら騎士階級が独占していたので、好戦的習俗はなかなか跡を絶たなかった。しかし徐々に騎士階級以外の階級が台頭して、政治的な発言をするようになる。

時代を少し遡ろう。一一世紀から一二世紀初頭にかけて、フィレンツェでは農村部からの流入もあって人口が増え、経済的・社会的な成長がつづいた。活発な職人らは、早くも組合的組織を作り始めた。のちのアルテ（同職組合）である。ついで一一五〇―一一八〇年代に商人階級が台頭すると、諸種の商業とともに両替・金貸しも盛んになっていった。一一世紀後半から一二世紀後半の一〇〇年たらずのうちに人口が約二万人から約三万人に増加したが、新住民が住み着いた新開地（ボルゴ）すべてを含めるべく、一一七二―一一七五年には新たな市壁――それ以前にはローマ時代の市壁、ついで六世紀半ばのビザンツ支配下の市壁、それからカロリング期の市壁、さらには一〇七八年の市壁があった――を築き直した。この市壁はオルトラルノの郭外区をも包み込んだが、そこには新たな工房や倉庫が多数造営された。

1 サンタ・マリア・ノヴェッラ教会（ドミニコ会）
2 サンタ・クローチェ教会（フランシスコ会）
3 サンティッシマ・アンヌンツィアータ教会（聖母マリア下僕会）
4 サント・スピリト教会（アウグスチノ会）
5 サンタ・マリア・デル・カルミネ教会（カルメル会）　●は市門

図 2-1　市壁の拡大，托鉢修道会，四分区

　商人ら自身はまだ権力の座に就くことができなかったが、彼らの要望もあったのだろう、市内を戦闘行為で不安にする貴族たちを抑えて平和を実現するために、コンスル評議会とは別種の統治機構を創ることになった。ポデス

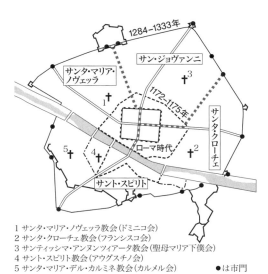

タ（司法長官）職である。一一九三年にジェラルド・カポンサッキにポデスタ職が委ねられたのが最初で、その後一三世紀初頭には、ポデスタは外国人──多くはロンバルディア出身の貴族──、つまり党派争いの外部にいて、見識高い学識者が就任するのが通例になり、一年任期で交替した。彼は小評議会に輔弼され、また総評議会にも助けられた。

塔仲間

上述のように、フィレンツェで初期コムーネの政治を率いたのは、農村に広大な領地を持つ領主＝貴族たちであった。彼らの多くは、その淵源を、ローマ、ランゴバルド、フランクなどの貴族や騎士家系に遡るか、少なくともそう見せかけるために家系伝承を捏造した。フィレンツェでの古い家系として知られているのは、ウベルティ、ジャンドナーティ、ヴィスドミニ、ブオンデルモンティなどであり、対して比較的新しいのはアッリ、マニエーリ、スカーリなどの家系であった。メディチなどルネサンス期の代表的家門は、まだ名前さえ出てこない。

彼ら農村領主は一一世紀までには都市に拠点を移すことになるが、それでもコンタードの所領は確保したままだった。彼らは田舎の教会や修道院の後見権を所持し、そこの村々や城塞集落の住民らともコネクションを保ちつづけた。そのため自分の領地に近い、フィレンツェ市内縁辺に塔や家を建て、そして市内外の人的ネットワークを築くことに腐心した。

都市内にやって来た彼らは、そこにおいても、一族が一体となって土地財産を共有し、ひとつ屋根の下に生活した。彼らは現実のあるいはフィクションの共通の祖先を誇って血と利害の堅い絆で結ばれ、メンバーの行動には連帯責任を負った。そして独自の役人・規約・裁治権をも有して地区一帯を支配した。

こうした彼らが作り上げたのが、「コンソルテリーア」すなわち一種の拡大家族ないし多核世帯であり、そこには一族郎党ばかりか奉公人や管理人、雇われ兵士なども含まれた。そのコンソルテリーアの力と統合の象徴が、無骨で宏壮な館とそこに付された聳え立つ塔であり、それによって高い所から空間を支配し、防備を固め、と同時に虚栄心を満足させた。塔には、一朝事あるときは隣接の家の家族が一時的に逃げてくることがあった。そのため、いくつかの友好家門がおなじ塔を共有する「塔仲間」società delle torriとしてのコンソルテリーアが形成された。

フィレンツェでは一一世紀に最初の塔が建てられ、一二世紀になると旧市場(現在のレプッブリカ広場の一部)周辺に一〇〇以上の塔が集中し、一三世紀にかけて市内各地に雨後の竹の子のように塔が出来ていった。総計二五〇本とも推定されている。塔は有力家門による街区支配の象徴ともなった。

塔にはライバル家門への挑戦と一族の名誉がかかっていたので、どんどん高くなる傾向にあったが、後述するようにポポロ（平民）階級が台頭するや、塔の数を減らしたり高さを下げる——七〇メートル以上の塔もあったが、一三世紀半ばには高さが三〇メートルに制限される——規制がなされた。ところがコムーネの公権力の建築のほうは、まだ脆弱な政体をしっかりと防備する意志を示すかのように、大家門よろしく、堅牢な宮殿の上に高い塔を聳然と伸ばしたのである。バルジェッロ宮殿——一二五五年ポポロ隊長宮殿として建設が始まり、一二六一—一五〇二年にはポデスタ宮殿になり、後にバルジェッロと呼ばれる。現在は美術館——やヴェッキョ宮殿は、この旧套依存のダイナミズムの中で誕生した。

図 2–2　バルジェッロ宮殿*

こうした塔仲間と塔のついた建物（塔状住宅）が一一—一三世紀に多数形成されたことは、建築的には、ルネサンス期の「邸館」（第六章参照）に先立つモデルと位置づけられるが、もうひとつ、封建的習俗を農村部から都市にもたらす意義があったろう。なぜなら、彼らは強い一族意識のみか、封建的戦闘心とヴェンデッタ（血讐）の習俗をも持参したのであり、だから商業・工業に手を染めても、封建的な価値観はなかなか抜けず、一族郎党が結束し、またいくつかの家からなる一族の連合体として近隣に集まったのである。しかし彼らは、ルネサンス的な社会や文化に対抗する「抵抗勢力」というよりも、むしろ彼らあってこそ、ルネサンスの文化と社会が形作られたのだということを、押さえておく必要がある。

ゲルフ党・ギベリン党の争いと第一次ポポロ体制

ということで、コムーネが出来ても党派争いは止むことがなかった。それどころか貴族たちは仲間の家門を集めて、二つの巨大党派へと結集していった。一三世紀中頃から呼称が登場するゲルフ党とギベリン党である。

年代記作家によると、一二一六年に二つの門閥グループ、すなわちブオンデルモンティ家とアミデイ家の対立から町じゅうが二手に分裂、血なまぐさいヴェンデッタの応酬となった。前者がゲルフ党、後者がギベリン党の元祖である。ゲルフは教会・教皇を奉ずるグループで、どちらかというと商業資本的、対するギベリンは封建的で皇帝フリードリヒ二世(在位一二二〇―一二五〇)をリーダーと考えた。両方とも党としての規約・役人・宝物庫・紋章・イデオロギーがあった。しかしかならずしもイデオロギーや依拠する経済分野だけでなく、むしろ家門間のネットワーク、姻戚関係、近隣関係などが各家門の党所属を決めていった。

先述のように、商人たちが台頭してきて、その平和希求の制度的実現としてポデスタ制が誕生した。加えて一一九三年からポデスタは通常の評議会に加えて新たな制度、つまり政治的役割を果たすアルテの代表者によって構成される評議会に取り巻かれるようになった。一二〇四年からははっきりと「商人とアルテの長たち」priores mercatorum et artium という制度が出来、また次々とアルテが結成されていった。遅くとも一二二四年以降になると、「市民評議会」consiglio cittadino にはアルテの代表者たちがいるのが目撃され、そこには大アルテに加えて小アルテの代表者も参加していた。

その後一二四五年にかけて、諸種の評議会に大小アルテの代表が参加することで、政権の社会基盤が拡張して企業家・商人・職人にまでいきわたり、そして「ポポロ」という自律的組織が出来ていった。一方ゲルフ・ギベリンの対立は、一二三〇年代末から四〇年代にかけてよりいっそう明瞭になったが、他の都市でも同様な対立が起こり、ゲルフ同士、あるいはギベリン同士、都市の枠を超えて連携した。世紀半ばには、大半のフィレンツェの大家門がどちらかの党派にまとまっていった。

争いの結果は敗者の追放と財産破壊で、この悪習は繰り返されて市内の混乱に拍車をかけた。一二四八年二月にはゲルフが追放されたが、一二五〇年九月には、皇帝フリードリヒ二世の名代としてトスカーナを統治していたフェデリコ・ディ・アンティオキアがフィッリーネ・ヴァルダルノでゲルフに敗北したため、その支配が覆された。同年一二月には皇帝自身が亡くなり、後ろ盾を失ったフィレンツェのギベリン体制は、広い市民勢力(主に商人、職人、法律業の大物たち)の合同により転覆され、ゲルフ寄りのポポロが支配することになる。

ここに成立したのがいわゆる「第一次ポポロ体制」である(一二五〇―一二六〇)。新たな体制は、ゲルフの貴族と結んだ上層市民(ポポロ)によるもので、地誌的なベースで組織された。貴族は執政府からは追い出され、はじめて商人・職人の代表が主体の政権になったのである。

一二〇〇年に約五万人、一二六〇年には約七万五〇〇〇人と人口は増加し、また商工業の活発化で力を得て自信をつけたポポロは、ポデスタおよびその二つの評議会に並び立ち、コムーネを二〇の隣組――「旗区」と呼ばれる――に分割した。旗区はそれぞれが旗手(ゴンファローネ)と旗を備え、また区長および軍隊組織を持っていた。これらの旗区は、市内を六つに分ける「六分区」の下部単位でもあった。かくて実権は、貴族から地区組織を基盤とするポポロ下のアルテ、そしてその代表者へと移っていった。

ポポロ政権の一番上には一二人の支配的評議会「長老」Anzianiがいて、彼らが市政を任された執行部であった。この一二人は、六分区の各々から二人ずつ有力アルテの代表を選出して着任するのだった。執政官たる新たな長老ないしプリオーレは二カ月ごとに選ばれたが、大半のプリオーレはカリマーラ(毛織物取引商)組合、毛織物製造組合、両替商組合、裁判官・公証人組合など富裕アルテから選ばれた。新たなポポロ評議会も創られ、アルテの軍事組織たる

「ミリティア」militia の代表＝ポポロ隊長が、ポデスタと並んで軍事・警察・司法の長となった。

第一次ポポロ政体は、外部に対しては好戦的で、領地回復・拡張のために戦争に訴え、近隣都市と激しく争った。とくにシエナや南トスカーナに向かい、あるいはアレッツォやピサ方面でも干戈を交えた。だが一二六〇年、モンタペルティでシエナがフィレンツェに勝利すると、ギベリンのシエナを支持していたフィレンツェのギベリンは、故郷に戻って政権に就き、ゲルフを追い出して財産を没収した。ところが一二六七年には追い出されていたゲルフ軍とフランス軍が攻め寄せ、ギベリンは再び町を捨てた。

その後は後期中世・ルネサンス期をつうじて、ゲルフ主義がフィレンツェにおける政治的アイデンティティーとして固定し、ほとんど脅かされることはない。ここに出来たゲルフ政権は教皇庁、ナポリ王シャルル・ダンジューと密接な関係を保ち、とくにシャルルはフィレンツェで「ゲルフ党の総将軍」の肩書を取り、事実上、都市領主たるポデスタを一二六七年から一二八二年まで務めた。実際は彼はほとんどフィレンツェにおらず、統治を代理人に任せていたのではあるが、ゲルフ党はこのナポリ王の存在を喜んだ。

しかし一二八二年に発生した「シチリアの晩鐘事件」（シチリア島民のアンジュー家に対する反乱）でアンジュー家の軍事・政治勢力が弱体化すると、再びアルテ中心の体制が強化され、最高権力がプリオーレらに本格的に移譲されていく。

第二次ポポロ体制と白党・黒党

かくして一二八二年から再びポポロが政権を担うことになり、これを一般に「第二次ポポロ体制」と呼ぶ。これは非常に重要な政権で、都市権力は封建貴族から金融業・貿易業・毛織物業商人に移り、彼らによって市民としてのエートスが練り上げられていったのである。これこそまさにルネサンスの文化と社会を作り上げた政体である。この体制をもってフィレンツェ共和制が実質的に開始し、それは、途中三度の短期の外国人君主への委託君主制(一三一三―一三二一、一三二五―一三二八、一三四二―一三四三)を挟んで、メディチ家が実権を握る一四三四年まで継続した。否、形式的にはメディチ家が君主制を敷く一五三二年までつづくのである。

この第二次ポポロ体制は、アルテ代表のプリオーレ制による統治であるが、この頃には、七つの大アルテ――カリマーラ組合、毛織物製造組合、絹織物業組合、両替商組合、医師・薬種商組合、毛皮商組合、裁判官・公証人組合――以外に、多数あった職業団体の再編・整理の結果、石工・木工師組合、肉屋組合、鍛冶職人組合など一四の中小アルテが出来上がり、合計二一のアルテが政庁に代表を送った。

彼らはコムーネ各評議会における代表でもあり、行政・司法・政治を担った。市の六分区から一人ずつ、いずれかのアルテ所属者が選出されたが、市の区分が一三四三年から変更され四分区──サン・ジョヴァンニ、サンタ・クローチェ、サンタ・マリア・ノヴェッラ、サント・スピリトの四つ──制になると、各分区から二人ずつ選出されるようになった。ちなみに旗区は各四分区に四つずつ、計一六となった。プリオーレ＝執政官は二カ月ごとに複雑な選出法で選ばれ、おなじ一族が独占しないようになっていた。

そして一四世紀前半にかけて、プリオーレと評議会の役割分担が第一次ポポロ体制のときより明確化していった。以前の一二人から八人になったプリオーレのほかに、「正義の旗手」という執政長官が──一二九三年から──いた。彼は、もともとは軍事長官でもあって、非常時には市民軍を指揮していたが、一三〇六年創設の「正義の規定執行官」が市内の治安維持を担うようになると、プリオーレより上級の行政職になった。彼とプリオーレ八名を合わせて、九名が執政府を構成した。

ほかに一二人会(賢人会)と一六人会(旗区長会)からなる補助委員会(コッレージョ)があり、さらに二種類の立法府──それぞれ数百人の議員のいるポポロ評議会とコムーネ評議会──が設けられた。その下に治安・財政・軍事・外交などの実務に携わるいくつかの行政官職がおかれた。この第二次ポポロ体制とともに、フィレンツェ共和制の中枢を占める「執政府(シニョリーア)制」が正式に始動したのである。

この政体の初期における重要法は、豪族の傲慢で暴力的な無法を抑えるための「正義の規定」(一二九三)である。これにより豪族はコムーネの政府高官への就任資格を奪われるとともに、裁判上の権利の制限その他厳しい制約や罰金増額などが課された。そしてギベリン、ゲルフ合わせて一五〇近い豪族が公職に就けないことになった。まさにポポロの天下である。

ここで「豪族」というのは、マニャーティ magnati の訳である。封建領主としての「貴族」nobili が土地所有とともに長い血統を誇って特権と名誉を代々受け継いできた名望家であるのに対し、豪族はコムーネにおける有力者で、大半は貴族出身であるが経済的・軍事的な「力」の強さが特徴であり、「正義の規定」で所属する家がリスト化された。さらに、都市の経済発展につれて国際商業・銀行業で富を蓄積し社会的にも重きを成すようになった者たちを「都市貴族」ottimati, grandi と呼ぶ。これら三者はもちろん重なり合うことも多い。またいずれも有力な家系・一族として「家門」を構成することになる。

しかしここでポポロといいマニャーティといっても、単純に貴族対平民、富裕者対庶民といった基準で考えてはならない。富のみが指標ではなく、たとえば二〇年以上騎士になっている家系でかつ自他から豪族と看做されている、といったやや曖昧な要件であった。もともとポポロであったはずのモッツィ、バルディ、フレスコバルディ、チェルキなどの各家門は、貴族風の生活ぶりを身につけてしまったために豪族と認定された。

ポポロのリーダーは、メディチ、ストロッツィ、ルチェッライ、ペルッツィ、アッチャイウオーリ、アルトヴィーティ、アルベルティ、チェッレターニ、アルビッツィ、ピッティなどの製造業・通商・銀行業に活発に携わっている家門だが、これらの名前を一覧するだけで、彼らこそルネサンス文化の最大の担い手になっていくことが窺われる。

一三二四年にはこの反豪族法が和らげられ、多くの豪族がポポロに転向して――アルテに加盟し、地代収入でなく商人・企業家になって収入を得ていくなどして――公職に就くことが可能になった。こうしてフィレンツェの指導層は、どんどん混淆していった。そもそも豪族らは、ゲルフ党という巨大組織を足場に、コムーネ政治を密かにずっと動かしつづけていたことも確かなのだ。いずれにせよこれは、大商人主体の共和政体であり、中流ブルジョワは一部の評議会にしか代表を送れず、また小職人はどの評議会にもほとんど代表を出せなかったし、賃金労働者は何ひとつ発言できなかった。

またこの政体の下では、随時開催される市民集会(パルラメント)で設置が承認される特別委員会(バリーア)で、市政の通常手続きを停止させることも可能であった。このバリーアの濫用が、メディチ家への権力集中に資することになる。

もうひとつメディチ独裁を後に支えるだろうのは、一三二八年の選挙法の改正であった。それまでの複雑な形態を改め、資格審査委員が投票で決めた被選出資格のある市民の名札が袋に入れられ、二カ月ごとの「籤引き」で執政府メンバーが選ばれる官職籤引きに変更されたのである。ついでこの方式は、他の補助委員会、評議会、ポデスタ、ポポロ隊長、市内外の諸役職にまで広がっていった。数千人のアルテ・メンバーのうち行政官や評議会議員への有資格者とされるのは三分の一程度、プリオーレの有資格者は一〇％程度だろうか。

図 2-3　ドナーティ家とチェルキ家の血讐（14 世紀の写本挿絵）

フィレンツェでは一三世紀末葉にはゲルフ党支配が盤石になり、ギベリンはもはや無力化したが、これで党争がやんだわけではない。一二九〇年代末には豪族とポポロの対立以上にドナーティ家とチェルキ家の対立がひどくなり、それぞれ派閥を形成して、前者は黒党、後者は白党と呼ばれたからである。白党はモッツィ、カヴァルカンティ、フレスコバルディらの家門で、ギベリンへの穏和な対応とピサとの協調を願った。黒党はドナーティ家を領袖に、より最近台頭した家系――スピーニ、アッチャイウオーリ、ペルッツィ、フランツェージなど――を集めた、教皇を後ろ盾にした容赦ないゲルフ党で、ギベリン党が支配するピサの完全圧伏を求めた。

両党間には一連の激しい衝突が起こり、教皇とその支持でイタリアにやって来たシャルル・ド・ヴァロワが黒党をバックアップし、数百人の白党指導者を逮捕・財産没収したり、追放(ダンテも犠牲になった)や死刑に処したりした。ところが一三一〇年、新たな皇帝ハインリヒ七世がイタリアを南下してトスカーナに来ると、ギベリンが勢いづき、フィレンツェは危機に陥った。そこでフィレンツェ人はアンジュー軍に保護を求め、一三一三年から一三二八年まで間欠的に、ナポリ王ロベールないしその息子カラブリア公シャルルを自分らの独裁的な僭主ないし統治者(シニョーレ)に戴いたのである。

一三二八年以後は、広くゲルフ家門の商人・銀行家・企業家・法律家から政治家をリクルートできるより安定した体制が出来て、フィレンツェは繁栄を享受する。早期資本主義の構造的弱さを抱えていたため、大コンパニーア(商会)が倒産することもあったが、まもなく新たな家門が台頭してそれを補った。

さらに一四世紀前葉はコンタードからの移民も多く、人口は一〇万人近く、パリ、ヴェネツィアにつぐ大都市となる。一二八四―一三三三年には周囲約八・五キロの広大な新市壁(最後の市壁)が造られ、内部の面積は従来の六倍になる。都市建築計画が進んで、市民らの自宅建設がブームとなった。共和国の領域も広がり、ピストイアやピサ方面のヴァルディニエーヴォレおよびヴァルダルノの多くの集落を服従させたし、東トスカーナでも、とくにアレッツォに対する支配権を取得した。

商人・職人の台頭

フィレンツェでは、コムーネにおいてポポロが台頭してきた一二世紀半ばから一四世紀前半にかけて、未曽有の経済成長を経験した。そして商人・銀行家は、イタリア半島、シチリアなどばかりかオリエント、プロヴァンス、シャンパーニュ大市(トロワなど)、イングランド、スコットランド、アイルランドにも販路を広げていった。商人たちの先頭に立って飛躍をもたらしたのは、毛織物原料の輸入と加工、製品の輸出などの貿易をするとともに、一五％から二五％の利率で、教皇や皇帝や各地の王侯への融資をしたカリマーラ商人である。

フィレンツェの毛織物業は、梳毛、紡糸、縮絨、染色など二六もの工程に分かれて複雑だった。この産業を牛耳るのが、毛織物製造工房を経営する織元で、彼は原毛を買う資本を提供し、工房と道具を用意し、賃労働者を雇い、準備工程の成果をより専門的な工程に出すべくアレンジした。一四世紀前半には、二〇〇軒ほどの工房があった。こうして毛織物製造組合が成長し、また輸入する羊毛で上質織物を作る技術がウミリアーティ会の修道士らによってもたらされた。

最初毛織物は地元原料を使っていたが、質が悪くてフランドルやフランスの製品には太刀打ちできなかった。むしろイタリア国内のマーケットで、安価な製品を売りさばいてなんとかやっていこうとしていた。だが一四世紀に入ると、カリマーラ商人が半完成布をフランドル・北フランスから輸入し、オリエントからは染料と明礬(媒染剤として用いる)を仕入れて、染色と仕上げ——毛羽立てと刈り込み、伸張・修理・圧搾・折り畳み——をして、地中海方面に輸出するやり方が主流になる。

毛織物業には洗浄・縮絨・染色のための水が大量に必要であったが、フィレンツェにはアルノ川という広く急な流れが流域一帯を潤し、豊富な水と水力を届けてくれた。ウミリアーティ会の織物工場がアルノ川沿いにあったのはそのためである。またアルノ川を交通路として海に出られ、支配下の海港は外国への扉口であった。さらに農村部からの移住者が多大の労働力を提供した。

この毛織物、あるいは絹織物や麻織物などの繊維関係だけではない。ほかの、フィレンツェ市民の生活に必要な百般の物作りをする職人たちも皆、中小のアルテに集って製造と販売に努めた。それらは、古布古着業者、靴下・メリヤス工、石工・木工師、鍛冶職人、肉屋、旅館業者、ワイン商人、油・塩・チーズ商人、皮鞣し業者、甲冑・刀剣工、錠前師、刃物職人、鍋釜製造業者、材木業者、パン屋などである。全体で七三ものアルテがあったともされるが、ほとんどは政治的役割が認められない零細アルテであった。

コンパニーアの商業システム

アルテと並んでフィレンツェの経済生活の根本的構成要素であったのは、先にも言及したコンパニーアである。大商人らは、大規模事業体であるコンパニーアに属した。それは二―五年の短期契約で、六―二〇人の出資者（共同経営者）を集め、各人が資本を持ち寄る一種の合名会社である。この出資者は二つか三つの家門所属であり、だからコンパニーアは封建的な領主の大家族形態たるコンソルテリーアに依拠していた。

フィレンツェでは一三世紀半ばまでにコンパニーアがいくつも作られ、一三三〇年代にかけて隆盛していった。バルディ商会、ペルッツィ商会、アッチャイウオーリ商会、チェルキ商会、スピーニ商会、デル・ベネ商会、バロンチェッリ商会などが代表的なものである。契約が完了して解散すると、各人は資本を――多くなっていることも減っていることもある――取り返す。とすぐ別のコンパニーアが形成された。通常先行のものとほとんどメンバーは変わらないが、一部入れ替わることもあった。

コンパニーアには出資者以外に、一群の幹部社員（ファットーレ）、代理人（外交員）、会計係、労務者がおり、各支店に散らばって年俸をもらった。ファットーレが陸上・海上での原料運搬を、フィレンツェに到着するまでアレンジした。完成した製品の輸出の手はずを整えるのも、また彼の仕事である。

コンパニーアは、本部はフィレンツェにおかれ、ヨーロッパ各地に支店網が張り巡らされて通商と銀行業務を行った。たとえばバルディ商会は一三一〇―一三四五年にヴェネツィア、パレルモ、セビーリャ、バルセロナ、マヨルカ、ブリュージュ、ロンドン、エルサレム、コンスタンティノープル、チュニジア、ロードス島に支店を開いた。コンパニーアにとって商業活動と銀行活動の区別はあまりなく、メンバーは支店を通じて、両替・貸し付けを行うとともに、毛織物とその材料、軽量で高価な品(宝石、香辛料、香水など)および食品(塩、小麦、ワイン、オリーブ油、家畜)も扱った。

こうした国際的通商をする中で、融資・貸与のシステム、為替や両替などの信用技術が発展していった。現金を遠くに動かさず、また利子もちゃっかり取るためのシステムである。同時に複式簿記や郵便・保険制度も発達していった。

一四世紀後半の危機

フィレンツェでは、一三三〇年代までは政治的な混乱は甚だしくても、経済・文化は好調であった。だが、一三三〇年代にルッカ征服の長く無駄な戦いで都市予算は流出、四〇年代になると国際的大企業というべきアッチャイウオーリ、バルディ、ペルッツィ、ボナッコルシまでが倒産してしまった。彼らは毛織物業の大部分を手に握っていたので、その倒産は何千という労働者の日常にも影を落とした。

相次ぐ大コンパニーアの倒産だけでなく、ギベリンのピサやルッカなど外敵との戦いもつづいた。窮したフィレンツェは、またもや外部に保護をもとめた。ロベール・ダンジューの弟の女婿でフランスの軍事指導者アテナイ公ゴーティエ・ド・ブリエンヌを僭主＝シニョーレにしたのである（一三四二年九月）。しかし独裁はフィレンツェ市民になじまず、ゴーティエは一三四三年七月には民衆蜂起により追い出されてしまった。

そしてここに、独裁とは正反対のもっとも開かれた政体が実現した。個人的専制と混乱を乗り越えたフィレンツェは、取り戻した自由と共和制を守るべく、豪族とポポロの争いを克服して、アルテをより広く代表する体制になったのである。とはいえ公職に就くには二一あるアルテの正式メンバーでないとならず、組合のない職種や織物業の単純労働者には依然として参政権はなかったのであるが。

ところがそこにペストが襲ってきた。一三四〇年のペストは一万人の犠牲者を出したが、一三四八年の「黒死病」と呼ばれるペストでは、人口は九—一〇万から四—五万に激減した。その後、一三六三年、一三七四年、一三八三年、一三九九—一四〇〇年にもこの恐るべき疫病が再来、それにともない飢饉が発生し、農村を主に荒らす無法兵士の狼藉も横行した。

一四世紀後半フィレンツェを悩ませたのは、ペストや飢饉だけではなかった。教皇との対峙である。一四世紀初頭のボニファティウス八世（在位一二九四—一三〇三）とフランス王フィリップ四世(在位一二八五―一三一四)の争い以後、教皇はフランス王権の影響下に入り、一三〇九年、教皇庁がローマからアヴィニョンに移されて一三七七年までそこに留まった。

この間教皇は全員フランス人で、最後の七人目のグレゴリウス一一世がローマに戻ったのだが、帰還前に教皇領を再び完全に服属させておこうと教皇特使らが画策していた最中、飢饉に苦しむフィレンツェからの小麦の要求をにべもなく断った。そこでフィレンツェと教皇との間にいわゆる「八聖人戦争」(一三七五―一三七八)が勃発したのである。フィレンツェは敗北して一三七八年教皇と和平を結び、多額の賠償金を支払わされた。その結果フィレンツェが見舞われた不況のわりをくったのが、小アルテと下層労働者だった。

八聖人戦争終結直後、都市労働者のチョンピ、つまり毛織物製造組合の非熟練工の反乱が発生した。カリスマ執政官の梳毛工――ある程度財力はあったと考えられている――ミケーレ・ディ・ランドの指揮で、これまでアルテ制度の外にいたためいかにしても政治行動ができなかった労働者大衆が反発し、組合を組織する権利を求めて政庁におしかけたのである。プリオーレらは辞任させられ、「正義の旗手」になったのが当のミケーレ・ディ・ランドであった。一三七八年七月、染色職人、仕立て職人、チョンピの三組合創設が成り、より公平な政治体制が樹立された。

だが八月末には裏切りと分裂、保守的な商人や企業家の団結で、下層民の試みは潰えてしまった。執政府は旧に復して、エリート家系およびアルテの一部の代表からプリオーレが選ばれるようになった。一三八二年春には小アルテ代表が決定的に――三ポストを除いて――排除され(一三八七年には二ポストに)、政権ははっきり保守的かつ寡頭制的になる。そして公職就任の資格を限定する法律を定めて、一部の家門が独占するにいたる。当面、政治の実権を握ったのがアルビッツィ家であった。

一三九〇年代にミラノの君主ジャンガレアッツォ・ヴィスコンティ(在位一三九四―一四〇二)の拡張政策によってフィレンツェは経済的制裁(毛織物業に必要な原料の輸出禁止、交易路遮断、コンパニーア略奪)と軍事的な攻勢や外交戦略により苦しめられたが、一四〇二年九月ジャンガレアッツォの急死で救われた。

第3章

中世の文化

サン・ジョヴァンニ洗礼堂．右はジョット設計の鐘楼*

コムーネ(自治都市)における経済発展・人口増加とともに、フィレンツェでは文化が栄え始める。それはまず何よりキリスト教文化という形を取った。

キリスト教の発展とフィレンツェ式ロマネスク教会

フィレンツェの一般庶民は、盛期中世以来信仰心に篤く、司牧を担当する聖職者や修道士の資質を厳しくチェックした。実際、一一世紀前半には、凡庸で道徳的にも非難を受けて当然な行状のフィレンツェ司教たちがつづいた。

たとえば司教イルデブランド(在位一〇〇八―一〇二四)は、トスカーナ辺境伯ラニエリと対峙して権力奪還に執念を燃やし、妻のアルベルガも協力したが、世俗政治にまみれたこの司教に対して、ヴァロンブローザ修道院長のジョヴァンニ・グァルベルト(九九五―一〇七三)が民衆を動員して激しく攻撃した。グァルベルトは反シモニア(聖職売買)の運動を展開し、配下の修道士は武器を持って司教派と戦った。

前章で述べたヨーロッパ全体を揺るがしたグレゴリウス改革の気運の中、グァルベルトの改革プロパガンダは教皇アレクサンデル二世（在位一〇六一—一〇七三）や、隠修士にして先鋭的な教会改革者ペトルス・ダミアニ（一〇〇七—一〇七二）の賛意を得た。パドヴァ出身の司教ピエトロ・メッツァバルバ（在位一〇六二—一〇六八）は、辺境伯ロートリンゲンのゴットフリートの妻ベアトリーチェに支持されるも公然たるシモニアの罪を犯しており、再びグァルベルトからの激しい弾劾を浴びた。その中でグァルベルト配下の修道士ピエトロ・イニェオは司教の言葉と信頼性に挑戦して、火による神明裁判を受けて勝利した。かたや神の恩寵を認めたメッツァバルバは職を辞した。

瀆聖聖職者のみがいたわけではない。たとえば後に教皇に選出されることになる司教ゲラルド（在位一〇四六—一〇五八）は、これも後に教皇グレゴリウス七世となるヒルデブランドとともに教会改革に努め、教皇選出への俗人の干渉をやめさせ、聖職者の規律を厳格化し、ミラノなど地方教会をローマに服させた。彼は教皇ニコラウス二世（在位一〇五九—一〇六一）となってからもフィレンツェの多くの修道院に特権を付与して、その活動を助けた。

司教ラニエリ（在位一〇七一—一一一三）による改革運動もあった。彼は才覚ある人物で、ラヴェンナ大司教グィルベルトが勧める皇帝ハインリヒ四世支持に回らず、一貫して教皇グレゴリウス七世に従ったのである。

また、その道徳性を批判された司教でも、フィレンツェの信仰生活向上に功績はあった。上

図 3-1　サン・ピエル・マッジョーレ教会（18 世紀の版画）

述のイルデブランドは、サン・ミニアート・アル・モンテ修道院をオルトラルノに建て、それは後に市民アイデンティティーを代表する主要修道院になったし、悪名高きメッツァバルバも、一〇六七年、後に司教就任儀礼の舞台となるサン・ピエル・マッジョーレ女子修道院を市内に創ったからである。新たに就任した司教は、市門のところで行政官や聖職者に迎えられてから、この古い修道院まで行列――司教のみ乗馬で――し、そこで女子修道院長と「結婚」するかのように、婚姻用の贈り物を交換する（司教は指輪と馬を与え、女子修道院長は翌日、ベッドと高価な備品を贈る）。そして修道院の客人として一夜を過ごしてから、翌朝は徒歩でドゥオーモとサン・ジョヴァンニ洗礼堂に赴いて就任儀礼をするならいだった。

ようするに一一世紀前半から一二世紀初頭にかけてのフィレンツェは、キリスト教世界の改革運動の中心地になり、民衆の間にも宗教的熱情が沸騰したのである。こうした宗教的熱誠に併せて、目覚ましい建築がロマネスク様式でいくつも造られた。しかし同時期のフィレンツェの建築様式は、他の地域のものとは明らかに違う。そこには厳正さ・明快さ・本質性があり、まるで当地のルネサンス建築を数百年も先取りしているかのようである。代表例はなんといっても、サン・ジョヴァンニ洗礼堂とサン・ミニアート・アル・モンテ教会だ。

サン・ジョヴァンニ洗礼堂は、教皇ニコラウス二世により一〇五九年に奉献され、一一五〇年にかけて建設された。その八角形の形態は合理的で調和が取れ、古代ローマのマルス神殿や原始キリスト教の洗礼堂の形を模しているともいわれる。躯体には、ピラミッド型に中央に収斂していく屋根の覆いが対応している。

だがこうした建築構造よりも、外面のデザインと色彩感覚のすばらしさがフィレンツェ・ロマネスクの真骨頂であり、それはルネサンス期にも通じる特徴である。すなわち、ルーニ産の白大理石の地にプラート産の濃緑大理石の矩形板によって、緻密で細やかな幾何学的図形が描かれる——ここでの例を皮切りに、その後多くの市内および郊外の宗教建築に繰り返され、何世紀もつづいた——のだが、三層それぞれ別の意匠でヴァリエーション効果を出そうと、正方形、長方形、大小の半円アーチを三つずつ組み合わせるなど、じつに合理的で調和の取れた幾何学的パターン分節が見られる。

もうひとつ今に残る傑作は、第一章でふれたフィレンツェ最初の殉教者ミニアス（聖ミニアート）に捧げられたサン・ミニアート教会である。一一—一二世紀にかけて建設され、最後に床の造成が一二〇七年に仕上がった。ローマの三廊式のバシリカ様式を意識的に再確認し、それを全体と諸部分を組織化するリズミカルで幾何学的な分節と融合させている。洗礼堂同様に二色の大理石がファサードを彩り、大小の長方形と半円アーチの組み合わせには、すでにルネサンスの教会建築を思わせる明快な比例配分がある。ファサード上層には、大きな金地のガラス・モザイク画があり、これはルッカのロマネスクに倣っている(図1-3)。

ほかに、フィレンツェのロマネスクには、サン・ロレンツォ教会、司教館、サンタ・レパラータの旧ドゥオーモ、サンティ・アポストリ教会、サン・ピエル・スケラッジョ教会、サント・ステファノ・アル・ポンテ教会、サン・サルヴァトーレ・アル・ヴェスコヴォ教会、サンタ・マルゲリータ教会、サン・ヤコポ・ソプラルノ教会などがあり、幾何学的デザインと古典的モジュール(基準寸法)の適用では上記二教会と同様だが、ずっと地味だし、後に再建・改修されてかならずしも当時の姿は残っていない。

私にとって驚きなのは、ロマネスクはヨーロッパのいずこでも地域に根付いたまさに土着建築で、ヴァリエーションが豊富なのはもちろんだが、フィレンツェのロマネスクは他のどこよりも古典性が顕著で、そこには、一見、ルネサンスかと思わせるような秩序と調和が存在していることである。このアルノ川に潤された花の都では、ローマ＝ロマネスク＝ルネサンスが太い道で一本に繋がっている。実際、洗礼堂とサン・ミニアート教会は古典主義復興として、後のルネサンスにも影響したのである。

このように、キリスト教とその美術は、一一—一二世紀というロマネスク時代にフィレンツェで最初の飛躍を見せ、それは切れ目なくルネサンス期へと流れ込むのである。

托鉢修道会の定着

ロマネスク期につづくゴシック期(一三—一四世紀)に、フィレンツェの信仰世界および教会建築の外観を大きく変えるのに貢献したのが、托鉢修道会の教会である。托鉢修道会とは、初期中世のベネディクト会の修道士が人里離れた修道院で祈りと労働の生活をしたのに対し、人口が集中した都市に定着し、托鉢して生活の資を得ながら、説教や宗教儀礼を通じて積極的に市民と交わった、新しい形態の修道士を擁する修道会である。ドミニコ会、フランシスコ会、アウグスチノ会、カルメル会などが主要なものである。

ドミニコ会士らは一二一九年までにはフィレンツェにいたようだが、一二二一年にドゥオーモの参事会によって与えられたサンタ・マリア・ノヴェッラ修道院に本拠をおいた。そして一二四六年以降、立派な建物を建設することが決められた。建設は一二七九年に開始され、一四世紀半ばに完成した。

このように都市の西部(ないし北西部)に拠点をおいたドミニコ会とは対照的に、東部を本拠地にしたのが、一二二六―一二二八年にアルノ川近くのサンタ・クローチェ教会に本部をおいたフランシスコ会である。一二九四年、信徒の寄付とコムーネからの贈与を得て、後述するアルノルフォ・ディ・カンビオの設計で新たな教会の建設に着手した。

その後この二つの托鉢修道会所属の修道士らは熱心に布教・説教活動を行って、フィレンツェ市民に大きな感化を与えた。フランシスコ会は清貧と謙譲の美徳の称揚、ドミニコ会は正統性とローマ教皇への服従の強調が特徴であろう。

図 3-2　サンタ・クローチェ教会　Getty Images

ほかには、聖母マリア下僕会が一二五〇年に都市北部にサンティッシマ・アンヌンツィアータ教会を造り、同年、アウグスチノ会がサント・スピリト教会に、翌年ウミリアーティ会が都市西部のアルノ川沿い、今日のカッライア橋とヴェスプッチ橋の中間あたり(オンニサンティ辺)に定着した。一二六八年にはカルメル会がサンタ・マリア・デル・カルミネ教会に拠点をおいた。世紀末の一二九九年には、ベネディクト会のシルヴェストロ派がサン・マルコ教会を建て、それは後にドミニコ会厳修派のものとなる。いずれの新来修道院も、希望と活力に満ちていた。フィレンツェ人はそれに応え、寄付が集まり、何百人もの信徒を収容できる広大なバシリカが造られたのである。フィレンツェは托鉢修道会の一大センターとなった。

以上に見られるように、托鉢修道会は、都市内の未開拓の新興居住区の縁辺に――たいてい市壁のすぐ外、後に市壁内に含まれる――、測ったように、あるいは暗黙の了解のように、互いに干渉し合わない影響圏を狙って定着していった（図2-1参照）。また各托鉢修道会は、定着地区の指導的家門と人的かつ霊的な絆を結んでいった。そして付属の教会墓地はフィレンツェ市民憧れの埋葬場所になり、何千もの市民が遺言書で、托鉢修道会の教会内に埋葬されたいと願った。自分の命日にミサと信心業をしてくれることを希望して、気前よく寄進もした。托鉢修道会の俗人への影響力は、その傘下に女子部が出来、加えて俗人だけの宗教団体――第三会や兄弟会――が各種形成されることによって拡張していった。

托鉢修道会は、教会建築的にも新要素をもたらした。ゴシック様式で建てられた教会の内部空間は、その広大さと空間分節のリズムの明快さで際立ち、教会のあらゆる部分においてモジュール計算がなされている。広く明るい堂内の空間は、連続的な尖頭アーチのついた広大な開口部で特徴づけられ、その垂直方向のヴェクトルは軒蛇腹《のきじゃばら》や多角形断面のずっしりした角柱によって抑制されている。

オルサンミケーレとアルテ

規則正しい空間分節と抑制された垂直的展開は、またもうひとつのフィレンツェ・ゴシックの傑作たるオルサンミケーレにもある。外観では、構造的・装飾的なエレガントなライン、明快で垢抜けした表面構成が見事である。

この教会は、ドゥオーモ広場とシニョリーア広場を繋ぐカルツァイウオーリ通り沿いにある。もともと穀物市場であったのが、やがて商人たちの信心を集めるフィレンツェ随一の建物、特別な教会となった。一階内部には、一三五五—一三五九年にアンドレア・オルカーニャ(一三〇八頃—一三六八)によって、天蓋付きゴシック風大聖壇が大理石で造られた。螺旋状小円柱と優美なピナクル(小尖塔)付きの四本の角柱が半円アーチを支えている。色大理石の浮き彫り、鍍金ガラス・モザイクの幾何学的装飾など、まるで金銀細工のような繊細で華麗な彫刻装飾である。この大聖壇は、祭壇画の「聖母子像」(ベルナルド・ダッディ作、一三四六/四七)を大切に守るために造られた。

一二八四年から一〇本の力強い石の角柱で支えられていたロッジャ(開廊。第六章参照)の四面が、一四世紀末から一五世紀半ばにかけてすべて閉じられると、建物は穀物市場ではなくなり(それは旧市場に移る)、アルテ(同職組合)の教会(マリアの礼拝堂)になったのである。一四〇四年に新たに二階と三階が増設されて、飢饉対策として穀物倉庫に充てられた。

外壁周囲の一四の壁龕《へきがん》に納められた、各アルテ後援の聖人像については後述しよう（第八章）。

奇跡を起こすというマリア像を目当てに、トスカーナじゅうから巡礼者が集まり、大金を落としていった。それを元手に行われる慈善事業を管理し、また聖歌を歌うために兄弟会が結成された。これは一種のラウダ兄弟会（第五章）で、毎夕、このマリアを称えてラウダを歌った。また毎週このマリア像の前では説教が行われた。一三二〇年頃、会員は三〇〇〇ほどになった。

かくてこの聖母はフィレンツェの公共生活の中心になり、七月二六日のマリアの母聖アンナの祝日には、諸アルテ・メンバーの行列がオルサンミケーレを目指した。ペストが発生するとマリア崇敬は最高潮に達し、オルカーニャの上記作品が造られたのもその雰囲気においてであった。アルテ・メンバーの市民精神とアルテ間の競争心が、この建物とそこに飾られた芸術作品の原動力になった。オルサンミケーレは、コムーネの公認の機関となり、政権にとっての政治的重要性も備えるようになった。

図 3-3　オルサンミケーレ教会*

清新体派詩人とダンテ、ペトラルカ

商人たちの商才高き言葉や日々の生活を潤す機知が土壌となって、ルネサンスの文学を生んでいったさまについては第六章で示すつもりだが、それ以前、中世にもそうした生き生きとした言葉が市内で飛び交っていた。否、ここでも中世とルネサンスを明確に分離することなどできはしない。

美しい言葉、正確な言葉、感情を伝える言葉……フィレンツェ人は言葉を大切にし、それを社会生活の潤滑油、徳性の陶冶手段とした。文学作品にもこうした考えが包み隠されている。最初に出現したのは抒情詩であった。フィレンツェを中心にトスカーナ地方に生まれた一三世紀末から一四世紀初頭の俗語抒情詩人たちを、「清新体派」と呼ぶ。

あなたの麗しき資質は、
大人によっても子供によっても
嬉々として賛美される
あちらでもこちらでも。
そして小鳥たちが歌う、

各々、自分たちの言葉で
夜となく、朝となく
緑なす灌木の上で。
世界をして歌わしめよ、
まさに然るべき仕方で、
あなたの高き価値を。
今やうららかな春が近づき、
あなたは天使のような存在なのだから。

これは清新体派の代表的詩人、フィレンツェのグイード・カヴァルカンティ(一二五五頃―一三〇〇)の古式に則った最初期の詩のひとつ「瑞々しい新鮮な薔薇」の一詩節である。この派には、カヴァルカンティ以外に、ボローニャのグイード・グイニッツェッリ、ルッカのボナジュンタ・オルビッチャーニ、チーノ・ダ・ピストイア、そして若きダンテも含まれる。

彼らは、南仏トゥルバドゥール(恋愛詩人)の抒情詩の「宮廷風恋愛」の型に嵌った常套表現を克服し、新しい時代にふさわしい様式、言語、イメージを打ち出そうとした。その際、シチリア派(トゥルバドゥールの影響を受けた恋愛抒情詩をシチリア方言で歌った詩人たち)から韻の踏み方や喩法を学んだが、彼らの思いはコムーネの市民たちにふさわしい恋愛体験を言葉にして、霊的な高みに連れていくことだった。

そこで「貴婦人」イメージが彫琢されていく。ここでは貴婦人は恋する男たる騎士から臣従を受けるだけの奥方ではなく、霊的な美しさを湛《たた》えた女性である。悦びとしての貴婦人、生の充溢としての貴婦人、光としての貴婦人、美しい星がなり代わったような貴婦人、天使としての貴婦人……。貴婦人を恋する詩人は、己れの心の感じた愛・恐怖・苦悩を、感性だけでなく知性も動員してドラマチックに描くのである。

当時のコムーネで貴族家系ではない商人・職人が台頭してきたことを背景として、清新体派の詩人は、魂の高貴さを、生まれや血筋の良さとは無関係で、個人がその資質と努力で獲得した美徳によってもたらされるものだとする。

ダンテ(一二六五―一三二一)は先輩のカヴァルカンティに敬意を表し、初期にはその影響を受けて詩作をしていた。『新生』(一二九三頃)はソネットを中心に三一の詩を集めた詩文集で、清新体派の流れを汲んでいる。しかし後にはダンテは、文学観・世界観の相違からカヴァルカンティと袂を分かつことになる。小貴族家系出身で市政にも深く関わり、市民生活の倫理に敏感だった彼は、普遍性のある宇宙の秩序から、美徳や悪徳、そして救いへの道を考察していった。

その最高傑作として生み出されたのが、政争に敗れて故国を追放された苦衷の中で書き継がれ完成した『神曲』(一三二一)である。ダンテは本作を地獄篇、煉獄篇、天国篇の三部に分けて謳い、この三界を遍歴する中で、聖書世界、中世の神学、ギリシャ・ローマ以来同時代までの歴史、学問の古典的伝統などの知の総合を果たすとともに、それを「三」という数字を鍵とする完璧な有機的統一のある幾何学的な構成物、言葉によるゴシックの大伽藍としたのである。

清新体派の詩人たちの恋愛観と技法とを受け継いで、次の時代へとバトンタッチする役目を果たしたのは、アレッツォの公証人の息子として生まれたペトラルカ(一三〇四—一三七四)であった。彼の『カンツォニエーレ』(一三三六—一三七四)は俗語(イタリア語)の抒情詩集で三六六篇からなり、愛する女性ラウラの魂の地上から天上への道行きを歌っている。

ところで清新体派やペトラルカほど、美しい女性への愛の役割を高く評価した詩人は、それまでいなかった。古代人の愛は、単純な肉欲でなければ知的な友愛だったし、一三世紀以前の中世には、現世における女性への恋愛は、男の弱さ・罪深さの証拠であり、さもなくば宮廷風恋愛のような貴婦人と騎士のお遊びだった。美しい女性への愛を幸せの源泉、霊的な上昇の手段とする清新体派は、身分や階級はもとより、異教とキリスト教の対立を超えて人間性の可能性を追求したのではなかろうか。そしてその意味で、彼らはルネサンスの文学者・思想家たちの先駆けともなったのである。

図3-4　チマブーエ「磔刑図」(サンタ・クローチェ教会付属美術館，現在は洪水のため破損)

チマブーエとジョット

トスカーナ地方では、一三世紀半ばまでは政治・外交の面でピサが地中海に雄飛しており、美術においても一頭地を抜いていた。フィレンツェにはまだ偉大な芸術家はほとんどいなかった。この町での真に偉大な中世最初の芸術家を捜してみると、彫刻・建築のアルノルフォ・ディ・カンビオ(彼については次項で取り上げよう)と画家のチマブーエが目に留まる。ともにピサの先人に学んだ彼らの活動は、フィレンツェのみならず中部イタリア全域に広がった。

チマブーエ(一二四〇頃―一三〇二頃)は、金地で装飾されて荘厳だが硬直的なビザンツのスタイルを引き継ぎつつも、それを息の長い操作で練り直し、絵画の可能性を高めた。彼は密度が高く鮮明な鋭い筆捌きの人物像を描き、絵画表面に絹のように透明でしなやか、虹色に輝く様相を与えた。しかし身体表現はまだ十分写実的ではなく、異様な形態に伸び膨らんでいたりする。たとえばサンタ・クローチェ教会の「磔刑図」(今は同美術館蔵)が好例である。それでも、それ以前の絵画、とくにビザンツ風の絵画に比べれば、格段にリアリズムに近づいている。

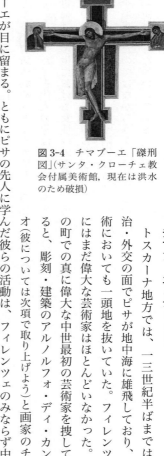

より重要でルネサンス絵画の祖とでもいいうるのがジョット(一二六七頃―一三三七)であろう。ビザンツ・スタイルのスタティックで生命感のない人物像から、ジョットの絵に表れたこの世に生きる人間の活き活きとした感情表現やダイナミックな動きに目を移すと、誰もが一驚するだろう。また彼の絵ではチマブーエ以上に、人物は写実的かつ立体感(三次元性)をもって描かれる。明暗法、奥行き感、遠近法の空間も登場して、それが肉体・物体の量塊性を示すようになった。サンタ・マリア・ノヴェッラ教会の「磔刑図」、サン・ジョルジョ・アッラ・コスタ教会の「玉座の聖母マリア」、オンニサンティ教会の「聖母マリア」(今はウフィッツィ美術館蔵)、「荘厳の聖母」(同館蔵)などがフィレンツェに残る代表作である。

図 3-5　ジョット「荘厳の聖母」(ウフィッツィ美術館)

その後一四世紀前半になると、ジョットの弟子ベルナルド・ダッディ、マーゾ・ディ・バンコ、タッデオ・ガッディなどが活躍し、サンタ・クローチェ教会やサント・スピリト教会の諸礼拝堂などにその作品が実現した。

ところが黒死病後の画壇は、単純か

図3-6　鐘楼に付けられていたピサーノ作のレリーフ「天文学者」(上)，「医者」(下)（ドゥオーモ付属博物館）*

つ平板な方向に逆戻りし、ジョットが工夫した空間性の処理は忘れられていく。アンドレア・オルカーニャの作品がそれを象徴する。彼は画家・彫刻家かつ建築家で、上述のように、一三五五—一三五九年にオルサンミケーレの装飾過多の大聖壇を後期ゴシック風に造ったことでもっともよく知られている。彼の絵画作品には、サンタ・マリア・ノヴェッラのストロッツィ礼拝堂の多翼祭壇画（一三五七）などがあり、精確かつ図式的で、人物像は純粋な正面観や側面観になっている。

その後オルカーニャの流派の仕事は、一四世紀の後半にも堅調だったが、ジョットを受け継いだジョッティーノやジョヴァンニ・ダ・ミラノも活動を始めていた。彼らは自然主義的観察を深め、布の質感や皮膚のつや、悲嘆のために変質した頬の赤みなどの表現においては、ジョットを超えた革新者になった。

一四世紀初頭にアルノルフォ・ディ・カンビオが亡くなった後、最高の彫刻家の名声を博したのがアンドレア・ピサーノ（一二九〇頃—一三四九）だった。彼は一三三六年まで洗礼堂の青銅門扉の彫刻に携わっていたが、この扉の完成前にドゥオーモの鐘楼建設責任者をジョットから引き継いだ。そして一三五九年には――ピサーノのフィレンツェでの活動はすでに一三四三年頃終わっていたが――高さ八五メートルの五層の鐘楼が完成した。

ピサーノは塔の基部のメダイヨンに入れる大理石レリーフの仕事をも任されたが、下段では創世記冒頭の逸話や人間の各種労働が彫られ、上段のモチーフは惑星、美徳、自由学、秘蹟などであった。これらの彫刻群は、まさに共和制のコムーネで勢いよく台頭してきた商人のエートスと世界観を示しており、同時期のオルサンミケーレとならび、アルテ体制と都市の新たな政体を象徴する建造物になっていて、注目に値する。

アルノルフォ時代の公共建築

前章に述べたように、ポポロ政体は一二五〇年に始動したが、ついで一二八二年からより本格的な第二次体制に移行すると、裾野の広い民主的共和体制を実際的かつ象徴的に表す建築物の必要性が痛感されるようになった。この政体の時期に、多くの公共建築物が建てられたのはそのためである。

最初に建てられたのは、今日バルジェッロとして知られる建物(図2-2)であり、工事は一二五五年に始まった。それは既存の塔を包含し、ファサードには木製の張出構造が設けられた。

この館は一三四〇—一三四五年に増築されたこともあって、以後フィレンツェの都市風景を支配するランドマークのひとつになった。それはたんに高さ約五七メートルの角張った塔のおかげだけではない。封建的・軍事的な支配権がコムーネという公権力によって掌握されたことを示す、建物の軀体の狭間を備えた姿にもよっている。

そして第二次ポポロ体制期においては、その強力な支配と正義を示そうとするいっそう広範な動きが起きてきたが、そのためのいわば都市計画の総責任者に抜擢されたのが、建築家アルノルフォ・ディ・カンビオ(一二四〇/四五頃—一三〇二/一〇)であった。彼は、次の世代のブルネレスキと並んで、フィレンツェにもっとも大きな影響・遺産を残した建築家である。

まず一三世紀末、都市政府が資金を拠出してアルノルフォが手がけたのが、サンタ・マリア・デル・フィオーレ大聖堂であった。それは威厳を湛えた尊大なゴシック建築だが、同時にプラート産の暗緑色、カッラーラ産の純白、マレンマ産のピンク色という三種類の大理石の配合で、淡い肉質の感じをエレガントに表現していて、アルノルフォの「コズマ風」(多色大理石装飾を得意とするコズマーティ一族を中心とする職人たちの様式)装飾への嗜好を示している。

アルノルフォは完成前に亡くなり、つづく建築家フランチェスコ・タレンティが毛織物製造組合の監督下に一三六六年に完成させたのが、現在その姿を留めている、四つの壮大なスパン(梁間)を身廊部分に用意し、交差部に大きなクーポラ(天蓋)をかけようとする三廊式教会である(クーポラを実現したのはブルネレスキ)。内部空間は天井が高く宏壮で粛としている。この教会では主となる形態は正方形と八角形で、あらゆる関係が綿密な比例の計算で統制され、その均衡は見る者にただちに知覚可能になっている。

ゴシックとはいえ、その上昇ヴェクトルは、外部では五段にわたってずっと横に連ねられた長方形の連続によって、内部でもグルッと全体を囲む太い水平部材によって抑制されている。いうまでもなくドゥオーモはフィレンツェの景観の巨大な要石として町のパノラマを統合しており、主要な街路がそこに繋がっている。

図 3-7　ロッジャ・デイ・ランツィからヴェッキョ宮殿を見上げる．手前はチェッリーニ「ペルセウス像」*

次にアルノルフォが手がけたのが、ヴェッキョ宮殿——最初プリオーリ宮殿、一五世紀にシニョリーア宮殿、メディチ大公時代はドゥカーレ宮殿、メディチ家がピッティ宮殿に移り住んでからはヴェッキョ宮殿と呼ばれる——である。これは政治の中心で、ドゥオーモがフィレンツェにおける宗教的なゴシックの代表とするなら、世俗ゴシック建築のモデルとなったのがヴェッキョ宮殿であった。もともとウベルティ家の邸館を壊した跡地に、一二九九年から建設が始まり、一三一四年に塔(九四メートル)を備えた中核部分が完成した。

厳しい直線的デザインの堅固な四角い建物で三層構成、窓は小さく、狭間つきの高い胸墻を構えている。これもバルジェッロ宮殿同様、軍事的な様相である。要塞の風貌があるとはいえ、この宮殿はコムーネの自由と権力の象徴だった。また茶褐色の硬質砂岩ピエトラ・フォルテの粗石積み(ルスティカ仕上げ)の工法は、その後のフィレンツェの邸館建築にも普及していく。

鐘楼になっている塔の北側面はファサードの中心線に重なり、また鐘楼の高さはファサードの高さとおなじである。狭間つきの胸墻の高さと塔に冠されている鐘の部屋の高さは、両方ともファサード全体の高さ——ということは鐘楼の高さでもある——の三分の一。だからファサードのデザインを統べているのは、一対一、一対二、一対三、二対三の比例となり、プリオーレたちが神の正義を保ち、フィレンツェは調和した新たなエルサレムであることを表示しているともされる。

もうひとつアルノルフォの代表作とされるのは、上述のようにサンタ・クローチェの石造りでの再建であり、集まった寄付に加えて、一二九五年には市民評議会によって、毎年一二〇〇フィオリーノの予算が割り当てられて工事が始まった。工事は長くつづき、最終的には一五世紀半ばまでかかった。

一三世紀末から一四世紀後半にかけての時期には、理想に燃えるポポロたちが、大きな公共事業で都市組織を新しく編み上げようとしたため、聖俗双方の大建築が都市風景を著しく変えていった。コムーネ当局自体が予算を計上したのは当然であるが、重要な建造物(ドゥオーモや托鉢修道会の教会、オルサンミケーレや施療院など)にはかならず主要アルテが割り当てられてその支援を受けた。ポポロ体制とはアルテ体制でもあったからだ。なお建築の支援をアルテが行うときには、造営委員会が立ち上げられ、材料の購入から装飾の発注、石工・木工師・左官の差配と賃金の支払いまで、管理・監督を担当した。

そして主要な公共建築と並んで、それらの建物を結節点として四方に広がる都市空間には、規則性・直線化・組織化・秩序・調整・統制・衛生という「装飾の政策」原則が都市条例などを通じて当局により適用され、一四世紀前半に実現していくことにも注目したい。公共建築が面する広場をはじめ、あらゆる主要広場の拡張と整備、またそこに連なる新たな街路の開設や既存の街路の拡幅・改変、街路の石や煉瓦での舗装などが、こうして推進された。

以上、後期中世のフィレンツェを特徴づける公共性への献身、都市とその建造物の秩序ある整備、ならびに自然主義や写実主義による人間性やありのままの感情の表現は、新たな産業の担い手としての自信を深めた商人・職人たちが、古代ローマの文化とキリスト教の霊性を、コムーネという文明化装置の中で攪拌しブレンドしながら、生み出していったものだった。

第4章

ルネサンスの政治・経済・社会

14世紀半ばから16世紀初頭

メディチ家紋章(サン・ロレンツォ教会の「君主の礼拝堂」)*

一般に広く信じられ、教科書などにも記載されているのは、ルネサンス期には人々が中世の社会や文化、とりわけ旧弊な大家族や封建的主従関係、あるいは現世否定的なキリスト教の抑圧を逃れて、自由に個性と才能を発揮できるようになったということである。またルネサンスをその名(「再生」)で呼ぶのは、野蛮な中世が葬ったはずの古典古代文化を再生させて、それを頼りに、合理的思考と卓越した芸術・文物、より良い生き方をもたらす時代だったからである。具体的には一四世紀後半から一六世紀にかけて、まずイタリア、とりわけフィレンツェを主要舞台としてこの文化運動は生起し、やがてドイツ、フランス、イングランドなど北方へも波及したとされる。

だが近年の社会史的研究の進捗により、ルネサンス期の社会は先立つ中世と連続している、とりわけ家族・親族関係や兄弟会、ギルドなどの社会的結合関係に着目するとそういえる、とする説が有力になりつつある。否、社会だけでなく、盛期・後期中世の文化は、直接、ルネサンス文化に流れ込んでいるようにも私には思われる。

商業の持続的発展――毛織物と絹織物

ところで一四世紀半ばから一五世紀いっぱい、まさにルネサンス文化・芸術の最盛期にじつは経済は低調で、重税の累積効果とたえまない戦争により、ビジネスも農業も窮して貧者が大発生し、それは華やかな文化現象と際立った対照をなしていた……、とまことしやかに説かれてきた。

しかしこうした文化と政治・経済・社会状況とのアンバランスを唱える説に対し、R・A・ゴールドスウェイトによる最近のフィレンツェ経済史研究は、ルネサンス期には実際に倒産するコンパニーア(商会)がある一方、進取の気性と有効な資本利用で莫大な富を得た新興商社や実業家もいたし、織物生産が終始フィレンツェに堅固な産業ベースを与えて富を激増させた、ということを明らかにしている。

一三二一年の納税ランキングでは、毛織物製造組合が遥かに他を圧して一番であった。第二章でふれたように、フィレンツェでの毛織物業には少なくとも二六の工程があるが、「下請けシステム」を採用することで、効率的かつ経済的に経営することができた。資本家はアルテ(同職組合)を足場に、その産業の標準を決め、生産過程を規制し、投資のための資本を供給した。

その後も一貫して堅調であった毛織物のバイタリティーは、一四世紀前半の銀行倒産にも黒

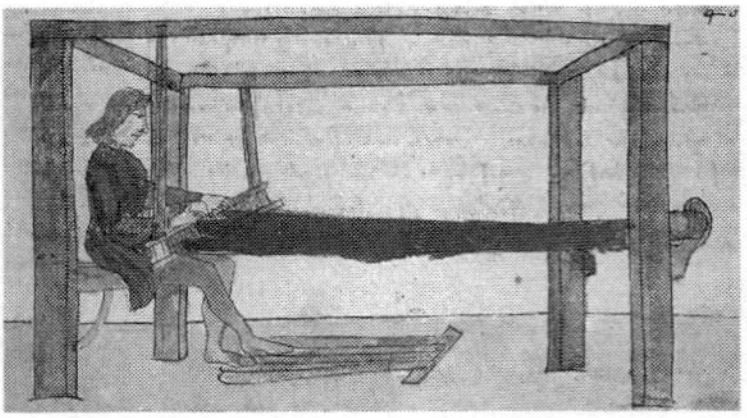

図 4-1　絹織物の生産工程(15 世紀の写本挿絵)

死病にも挫けなかったし、かえって新たなイニシャチブもあって交易は強化拡大し、実質的な上げ潮に乗っていた。一四二七年のカタスト（課税のための自己申告による資産調査）では、申告者の四〇%くらいが毛織物関係であった。波はあったが、とくに北ヨーロッパに販路を拡大できたことが幸いして、毛織物業は一六世紀後半まで繁栄をつづけた。

一方、フィレンツェの絹織物生産が発展したのは、毛織物より大分遅れて一五世紀になってからだった。近くの町ルッカでは、一一世紀から伝統的に質の良い絹織物が作られていたが、一四世紀前葉に内紛や君主となった傭兵隊長カストルッチョ・カストラカーニの支配に耐えられず町を去った絹織物職人が多くいた。彼らが他都市に根付いていき、絹織物の技術を伝えたのである。フィレンツェにもルッカから絹織物業者がやって来た。フィレンツェでの絹織物業の本格的展開は、一五世紀の第2四半期以降であった。

こうして絹織物業が躍進すると、絹織物業組合も地位を向上させ、公共建築への後援がカリマーラ組合や毛織物製造組合に並ぶほどになる。一四七〇年には八三の絹織物関係の工房・商店があり、人口の三分の一がなんらかの形でこの業種に関係しているとの記録もある。あまり信用できる数字ではないとしても、大変な発展があったのは事実だろう。地中海の西から東まで、また北ヨーロッパでも聖俗宮廷にフィレンツェの絹織物製品が売られた。取引市場はブリュージュ、ロンドン、ジュネーヴ、リヨンなどで、一六世紀にはアントワープも加わり、さらに南ドイツや東欧にも市場は広げられた。

以上の毛織物、絹織物に加えて、フィレンツェでは麻織物も発展していった。いずれにせよ、繊維こそ中世からルネサンス期にかけてのフィレンツェ産業の中心でありつづけた。そして原料の粗造りから機織り、そして生地の染色まで多くの賃労働者を擁し、言葉を換えれば多くの住民の生活を支えたのがこの産業であった。繊維業を中心とする手堅い経済力こそが、フィレンツェのルネサンス文化を基礎から支えたのであろう。

領域国家への道

フィレンツェはそのコムーネ(自治都市)が成立した当初から、コンタード(周辺農村領域)に浸食して支配領域を広げていくばかりか、他の諸都市をも征服してトスカーナの領域支配を進めようとした。その過程で一一九七年、トスカーナ諸都市と平和協約が結ばれて「トスカーナ同盟」が約定されたが、その後も近隣都市とは争いが絶えなかった。

フィレンツェは一三世紀初頭までシエナ、ルッカ、ピサ、ピストイアといった主要都市を圧伏しようと干戈を交えるのはもちろん、より小さな多くの町村、領主領とその城塞を破壊していった。一二二二年にカステル・デル・ボスコの戦いでフィレンツェがピサに勝利し、それが神聖ローマ皇帝フリードリヒ二世の登場で崩れるまでは、フィレンツェ・ヘゲモニーによるトスカーナの一応の均衡がもたらされた。

領域国家形成への次のステップは、一四世紀後半に踏み出された。同世紀半ばの黒死病の惨禍で、どのコムーネにおいても人口が半減したが、もともと規模の大きかったフィレンツェは、かえって他国に進出するのに有利な位置に立った。これは一連の購入、征服、提携・同盟を重ねて行われた。この領域拡張は、最初のルネサンス文化の発揚とも重なる。ルネサンスは都市の現象というが、農村とも無関係ではない。農村は、まさに都市のための富の宝庫であり、都市内の織物業と並んでルネサンスの経済的基盤になったのだから。

そして一三八二年に確立した寡頭制(第二章参照)は、一五世紀前葉まで、より攻撃的な拡張策を採用した。そこにはミラノへの対抗という意味合いもあった。つまりゲルフ党の仲間であるはずの教皇、ナポリ、フランス、ハンガリーなどは、かつてと異なり、制圧したロンバルディア、エミリア両地方についで、トスカーナ、ウンブリアにまで進出してきたミラノ公ジャンガレアッツォ・ヴィスコンティによるフィレンツェ侵攻の危機(一三九〇―一四〇二)に援助の手を差し伸べてくれなかった。それどころか野心的なナポリ王ラディスラオは、フィレンツェと一四〇九―一四一四年、戦争をすることになった。そこでフィレンツェとしては、自領を広め固めることで安全を確保しようとしたのである。

一三八四年にはアレッツォを最終的に獲得、一三九〇年にモンテプルチアーノ、一四〇一年にはピストイアへの支配を完成させ、一四〇六年に激しい軍事対立ののちピサを最終的に征服したのは、一大成果であった。ついでコルトナ(一四一一)とリヴォルノ(一四二一)もつづく。フィレンツェは自由に海に出られるようになり、ひとかどの海洋貿易国となる。その後、ヴォルテッラも一四二九年と一四七二年に陥落させた。

かくしてフィレンツェ共和国はトスカーナで多くの独立コムーネとそのコンタードを吸い取って強大な領域国家になり、一四二〇年代までにその領域面積は一万一〇〇〇平方キロ、二六万人の住民が含まれた。

第二章に述べたように、トスカーナでは、一一世紀から都市の上級領主たる皇帝や辺境伯の力が弱く、コムーネの自治が展開していた。したがって都市自体が領域組織のヘゲモニーを握る極になって、とりわけ一三世紀からは農村領主の領地支配・経営を周縁化して都市のネットワークに組み込んでいった。そしてフィレンツェは、従属させた大きな都市(ピサ、アレッツォ、ピストイアなど)をそれぞれのコンタードから切り離して、生命線となる収入源への直接のアクセスを閉ざす作戦を採用した。ところが他方で、terreとかborghiと呼ばれる小コムーネに対

図 4-2　裁定を下すポデスタ(ジョヴァンニ・ヴィッラーニ『年代記』)

しては、服属させるのではなく同盟関係を結んで自治を許したのである。

こうして領域支配に際しては、フィレンツェは自都市をいわば光源とする光の輪を作り広げていこうとした。つまり都市的統一性のイデオロギーを動員し、たとえば宗教儀礼にコンタード住民を強制的に参加させるとともに、従属させた都市の執政官つまりカピターノ(地方長官)やポデスタ(司法長官)として、すべてフィレンツェ人を派遣した。またフィレンツェは従属都市に自由にコントロールできる裁判所の設置を認めなかった。ガベッラ(間接税)など徴税権も奪ったが、それは懲罰としてで、たいていは一時的な措置に留まった。しかし一四一九年には、全支配領域の課税権を持つ部署がフィレンツェに設立された。

より重要なのは、フィレンツェの支配階級によって堅固にコントロールされる官職の密なネットワークを、領域レベルで作ることだった。それは後述する「パトロネージ」をフィレンツェ市内を越えてコンタードやディストレット(コンタードの外の獲得都市・領域)にも広げることで実現した。フィレンツェの貴族と従属都市の貴族の関係では、両者が縁戚関係にあることもあったし、またフィレンツェの貴族が従属都市にかなり長い間執政官とか司法官とか聖職禄所有者とか地主とかの資格で滞在して、現地の住民と私的なネットワークを作ろうと熱意を示すこともしばしばあった。

つまり従属コムーネの都市条例には手をつけずに自治を許すポーズを見せながらも、人間関係の側面から圧力をかけ、フィレンツェに好まれる人物を主要な行政職に就けるよう、地域の親しい役人を通じて働きかけるのである。こうしてコンタードやディストレットにまでパトロネージのネットワークが広がり、政治・経済・社会の諸レベルでフィレンツェ市民と周辺地域の住民との絆が出来ていく。

このコンタードやディストレットへのパトロネージは、アルビッツィ家による寡頭支配時代（一三八二―一四三四）に始まったのだが、つづく老コジモ時代からは、メディチ家と並んでピッティ家がコンタードに影響力を揮った。しかし一四六六年のピエロ・イル・ゴットーゾに対するクーデターの失敗後、領域支配ではっきりとメディチ人脈の独擅場となり、それはロレンツォ・イル・マニフィコ時代に加速化し完成した。

メディチ時代へ

アルテを基盤とする共和制下のフィレンツェで、徐々に興隆して覇権を握ったのがメディチ家である。彼らはフィレンツェ北方郊外およそ三〇キロにあるムジェッロという農村地帯を出身地とし、医師ないし薬種商を生業としていたとの説もあるが、詳細は不明である。

一四世紀になると領地を拡大し、一族の中にはしばしばフィレンツェ市のプリオーレになる者も登場する。それとともに、教皇庁に重用されて財務管理やヨーロッパじゅうでの取引を任されて銀行業を発展させ、その支店網はヨーロッパと西地中海全域に行きわたった。貸し付け利息でふんだんに儲ける傍ら、一四世紀末から一五世紀前葉にかけて毛織物業にも乗り出して経済的基礎を固めていったのがジョヴァンニ・ディ・ビッチ(一三六〇―一四二九)であり、いわばメディチ王朝の鼻祖である。彼は政治的な野心を表に出さずに雌伏し、アルビッツィ家が宰領する寡頭制時代を生き延びた。

ジョヴァンニの長男として生まれたのがコジモ(イル・ヴェッキョ、「老コジモ」、一三八九―一四六四)であった。彼は父から莫大な遺産を受け取ったばかりでなく、経営の才能も豊かで、多様な商品の取引を拡大してメディチ銀行をいっそう発展させていった。政治面では、何度かプリオーレや外交官に選ばれ、そつなく役職を果たしながら仲間をふやしていった。

一四二八年ルッカ攻略に失敗したアルビッツィ家のリナルドは、重税に苦しむ民衆から非難を浴び、軍の代表委員の職を解かれた。一四三三年、アルビッツィ派を追い落とそうとするコジモらメディチ派に対抗して、リナルドは、同年「正義の旗手」に選ばれたベルナルド・グアダーニに働きかけ、メディチ家と結びついていた小アルテの参政権を縮小させた。ついで緊急市民集会をメディチ抜きで開催し、特別委員会(バリーア)を設置してコジモを逮捕した。コジモはヴェネツィアに追放されるが、フィレンツェのルッカ攻撃に怒って侵略してきたミラノ軍に敗北して世論が反転し、再び市民集会とバリーアが開かれ、今度はアルビッツィ派七〇人以上が追放された。コジモは一四三四年一〇月に帰還し、市民に歓呼で迎えられた。

実権を握ったコジモは、表向き共和制を維持して民衆の反感を避けようとした。彼は表に出ないで、裏で各種の政治・行政機関の官職を自分に都合の良い者で固めていこうとした。もともと共和政下では、公職は公平・無私を何より旨として、資格審査をパスした者を対象に籤引きで選ばれていたことは第二章でふれた。この籤引きのため、有資格者の名を記した名札を作って皮袋に入れるのだが、それを担うのが「アッコッピアトーリ」といわれる役職者だった。だがコジモは――アルビッツィ期に始まっていた役職選出の操作を一段と推し進めて――、このアッコッピアトーリを取り込んで資格審査をも任せ、さらに抽籤皮袋の管理までさせることで、見かけはどうあれ、自分の好む者のみを官職に就けることができるようになったのである。

フィレンツェの生き残りと発展のため外交をきわめて重視したコジモは、合従連衡、状況に応じて柔軟に対応した。最初、ヴィスコンティ家のもと、その領域拡大がフィレンツェをも脅かしつつあったミラノとの対抗上、ローマやヴェネツィアと同盟を結んだ。そして一四四〇年、

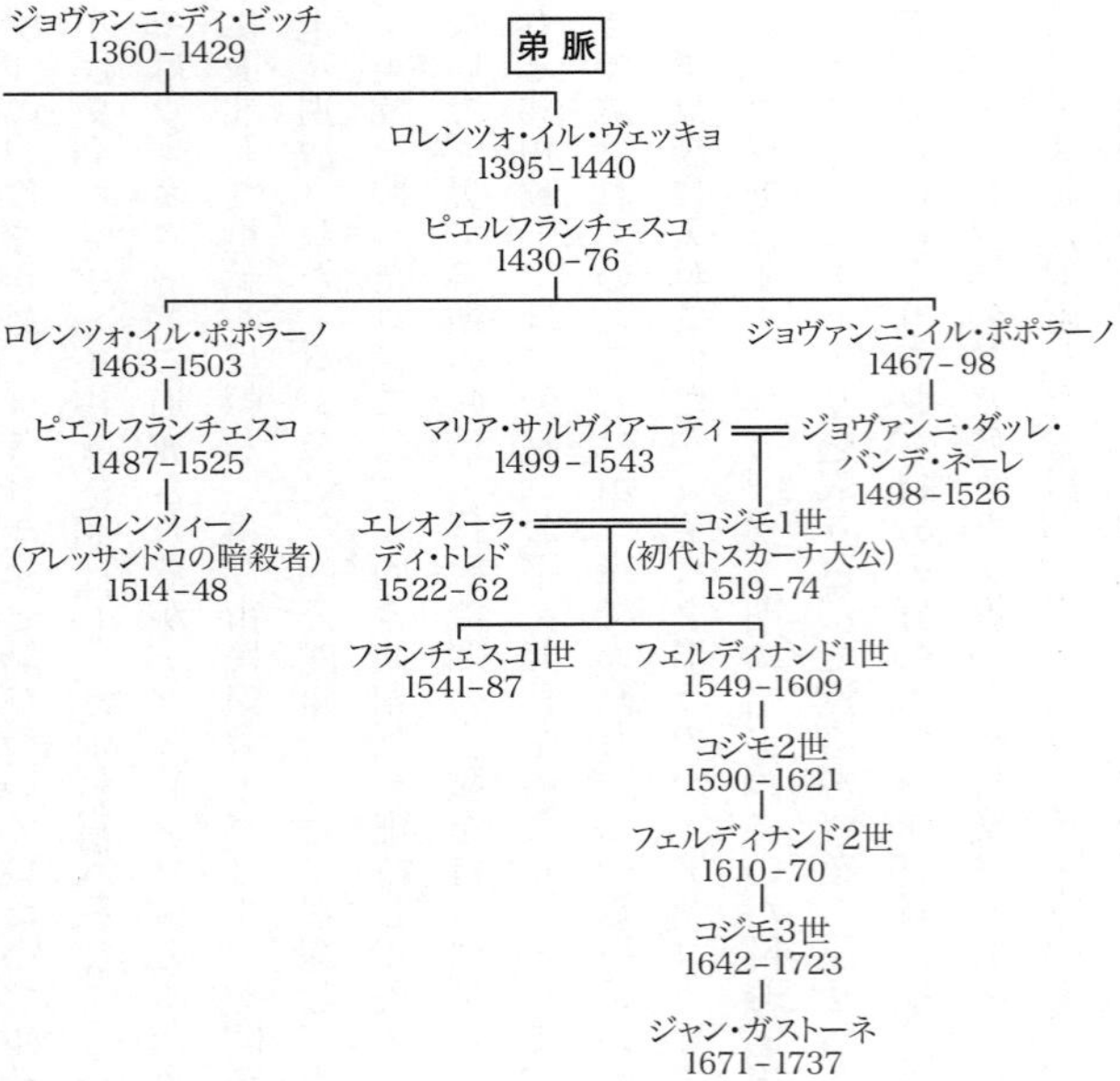

アレッツォ近くのアンギアーリでは、フィレンツェ軍がミラノ軍を打ち破った。ところがミラノでフィリッポ・マリア・ヴィスコンティが死んで娘婿のフランチェスコ・スフォルツァがミラノ公に選ばれるや、一四五一年この敵国と同盟を結んだのである。

三年後にはヴェネツィア共和国とミラノ公国が「ローディの和」を結び、それにフィレンツェ共和国、教皇領、ナポリ王国を加えた当時の「五大国」が「イタリア同盟」Lega Italicaを結成、イタリア半島は久方ぶり

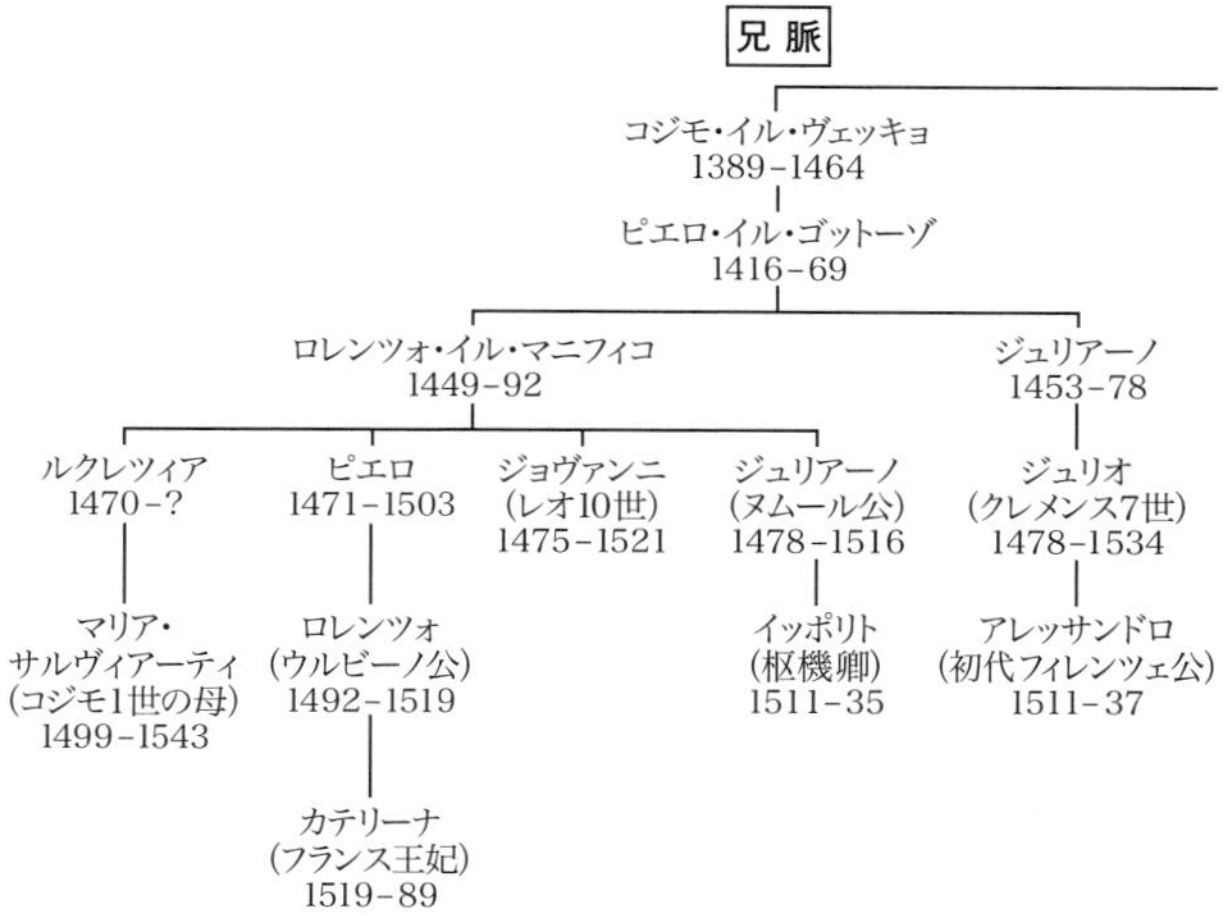

図 4-3　メディチ家系図

の平和を享受した。以後半世紀たらずの間継続するこの平和の時期に、メディチ銀行はイタリア内外の主要都市に支店網を広げ、ヨーロッパ随一の商社にのし上がっていった。政治もメディチ家の思うままに操ったが、その際も、共和制の見かけは保つよう注意した。フィレンツェ市民の共和制への愛はかくも強かったからである。民衆への受けも良く、死後コジモは「祖国の父」Pater Patriae の称号さえ得た。

　老コジモを継いだ息子のピエロの時代には、反メディチ運動が盛り上がったが、なんとか抑えて権力を維持しつづけられた。だがピエロは五年後、一四六九年に逝去し、長男ロレンツォ(イル・マニフィコ)が二〇歳で後を継ぐ(一四六九—一四九二)。

古典の教養を備え芸術の感覚にも秀でていたロレンツォは、商売は苦手でメディチ銀行を危殆に瀕させ、一四七八年にミラノ支店、翌年にはアヴィニョン支店が閉鎖、さらに八〇年にはロンドン支店とブリュージュ支店、八一年にはヴェネツィア支店と次々に閉鎖、八三年にリヨン支店のとりつけ騒ぎと、閉鎖ないし倒産が相次いだ。また一四七〇年のプラートの反乱のときに、合法的でない権力のあやうさを知った彼は、翌年「百人評議会」Consiglio del Cento に根本的変化をもたらすべくメディチによる管理を強化し、またそれを共和国の議決機関の中核にしっかり据えようとした。

一四七八年ドゥオーモでのミサ後、弟のジュリアーノが暗殺された「パッツィ家の陰謀」を、ロレンツォは辛くも逃げ延び、苛烈な復讐をしたが、その結果、裏で陰謀の糸を引いていた教皇と厳しく対峙することになった。教皇およびその同盟関係にあったナポリ王国との戦争で危地に陥ると、ロレンツォはなりふり構わずナポリ王国のフェッランテ王と直談判して停戦条約を結んだ。

危機を逃れたロレンツォは、共和国の諸制度をいっそう厳格に管理しようとして「七十人評議会」を創り、自分がメンバーを選んでそこに権力の主体、つまり立法や外交の権限のほか、プリオーレの選出権などを与えた(一四八〇)。さらに同年、古い「バリーア十人会」Dieci di Balia に代わり「実務八人会」Otto di Pratica が創られ、それによっても外交・防衛政策を練り直した。

一四八一年および一四九〇年には、「七十人評議会」の権力をより狭い範囲に集中させるべく、自分のコントロールに服す「十七人評議会」を新設した。またこれらの評議会は恒常的な特別委員会としてすべての議会に取って代わった。もはや共和制は風前の灯火、実質的には君主制となり、諸国の王や君主は彼に手紙を書き、外交活動をしたのである。彼はナポリ王国、ミラノ公国、ヴェネツィア共和国、教皇領というイタリア内の強盛国とフィレンツェの間にバランス・オブ・パワーをもたらす功績もあった。こうしてその後数十年間、フィレンツェは形式上は共和国でありながら、実際はメディチ王朝の支配下にあったのである。

パトロネージが町を動かす

前項では、老コジモ以後のメディチ家の政治作法が、自分の息のかかった者たちを政治家に仕立てて陰で糸を引くという形態だったことを見た。すなわちメディチ体制というのは、本質的に近親・友人の政治的連合にほかならないのである。

そもそもルネサンス期のフィレンツェは、平等どころか身分格差のじつに激しい社会であった。先にもふれた一四二七年のカタストからは、最富裕の一〇〇家門が都市の四分の一の財産（不動産、長期公債への投資、銀行・商業・工業収入など）を占有していたことがわかる。一五世紀前葉にはアルビッツィ派とメディチ派の争いがつづいたが、コジモが追放から帰還した一四三四年以来、メディチ家を頂点とする有力家門、すなわちピッティ家、カッポーニ家、ソデリーニ家、リドルフィ家、トルナブオーニ家、パンドルフィーニ家、グィッチャルディーニ家などの連合で、政権は事実上固められた。コジモはすべての顕職を決められないにせよ、己れの友人とクライアントに影響力を揮って政治を牛耳ることができた。まさにメディチ時代の幕開けであり、「第二次ポポロ体制」の事実上の終息である。

さて、メディチが政治において活用したこのパトロネージ（パトロン制度）は、後期中世からルネサンス期にかけてのフィレンツェではとりわけ重要な役割を担った。さまざまな社団の中でも、家族・親族関係が要《かなめ》をなし、その上にフィクショナルな家族イメージを投影してそこに縋《すが》るのである。

ルネサンス都市にパトロン＝クライアント関係が苦もなく定着したのは、それが家族の延長線上にあったからにほかなるまい。パトロンとクライアントは一種の親子のような情緒纏綿たる態度を示し合うことがあったし、かなりの数、実際の姻戚関係で結ばれていた。それは、伝統的な団体・組織のみでは対処できない危険や不遇から個人やその家族を守る効果があるが、法律や契約のように明文化されることはなく、いわば口約束と日常的交際にもとづくインフォーマルな道義的・社会的主従関係であった。形式上は公的ではないが、事実上公的な役割を果たすのである。

パトロンは、その口利き・働きかけにより、多面的な「恩顧」をクライアントにもたらす。政庁の官職をはじめ、大学や兄弟会・アルテのポストへの推薦、聖職禄や融資の仲介、税金の優遇、裁判における仲裁、囚人の釈放、ビジネスのパートナーや有利な結婚相手の紹介……などで、恩顧を受けたクライアントはパトロンには敬意を払い、忠誠を誓う。その積み重ねでパトロンの政治的・社会的威信は高まっていく。

よく知られているように、有力パトロンとの繋がりによってこそ、芸術家たちが立派な作品を制作できたのである。大枚の金の必要な大きな建設事業や、高価な材料（大理石、青銅、金やウルトラマリンの顔料）の彫刻・絵画がルネサンス期フィレンツェを飾ったのは、家門の名誉のため、費用を負担したパトロンがいたからこそである。一五世紀の初頭までフィレンツェ最大のパトロンとして他を圧したのが、都市政府自身であり、ついでアルテや修道院・教会、兄弟会などであった。そのお抱え芸術監督の筆頭が、ジョットでありアルノルフォであったことは既述のとおりである。

だが一五世紀の半ば以降になると、主要なパトロンが「私人」すなわち大家門の当主ということになる。メディチ家の老コジモは巨額の私財を、教会・修道院・図書館建設などの公共プロジェクトにも投じるとともに、多くの芸術家を庇護した。さら人文主義者――とくにマルシリオ・フィチーノやアンジェロ・ポリツィアーノ――も学問好きなコジモの庇護を受けた。芸術家や人文主義者はその「仕事」の対価として金銭をもらうほか、贈り物、年金、聖職禄、ときには別荘まで与えられている。

一五世紀にパトロンの模範を示したのはメディチ家だが、その下にはいくつもの大家門がいて、おなじように芸術家を保護し、一族の名誉、都市の美化のために作品を発注した。その際結ばれる契約には、驚くほど細かな指示が、パトロンから出されている。金銭と期限はむろんのこと、作品のサイズ、テーマや構図、それどころか絵の具の種類にまでこだわりを見せているのである。こうしてルネサンス期の芸術作品というのは、芸術家とパトロンとの合作であったことが窺えるのである。

parenti, vicini, amici

パトロネージは、大パトロン、中パトロン、小パトロンのように階層をなし、フィレンツェ全土を投網のようにカバーして大きなネットワークを編み上げた。さらにそれは、上述のようにフィレンツェ都市部を越えて、コンタードやディストレットにも広がっていったのだが、もうひとつ、より小さな地区に根ざした密な人間関係も重要であった。たとえば、「旗区」の隣人関係を単位にし、そこの最有力家門が万般を取り仕切る、というケースである。

そもそも当時一六あった旗区というのは、税金割り当てや官職選出のための最小の行政単位であった。だから上層市民は、まず自身の旗区での支持と勢力を固めないと、政庁への進出は覚束なかった。庶民にとっても、旗区やさらにミクロな小教区の人々の住む隣組が、宗教・生活・遊戯の舞台となっており、普段の生活はその中で自足した。近所の人は皆おなじ小教区教会のミサに出席し、守護聖人祭を祝った。一族はたいてい同一地区に住んだし、同種の職業の工房もそこに固まっていた。

名誉重視の感情はこのフィレンツェ社会の最小細胞にも行きわたり、街区が誹謗中傷の言葉や娼婦の出入り、貧民街、肉屋などで汚されると判断すれば、住民は敏感に反応して共同して抗議したし、地区の貧者への慈善・霊的必要に対しては細心の注意を怠らず、仲間意識を切々たる感情とともに示すのだった。

パトロネージというのは、その基盤にもうひとつ大切な人間関係を持っていた。それは、家族を家族外の緊密な人間関係と結ぶ社会的結合関係であり、そのひとつは今述べてきた近隣関係であるが、ほかに家族の延長たる「親族」、さらにもうひとつ「友人」が重視された。当時の諸史料に頻出する言い回し「親族、隣人、友人」parenti, vicini, amici が物語るとおりである。

毛織物の織元だったジョヴァンニ・ディ・パゴロ・モレッリ（一三七一―一四四四）は、『覚書』第三部でまだ一人前でない息子らに、「自分の旗区に一人以上の友を持つようにし、構わずお前の財産を投じて、彼に親切にしなさい。もしお前が金持ちで他の手段がなければ、友人を金で買いなさい。人々から愛されている権勢ある良き市民と親戚関係になるよう努めなさい」と述べて、家を守るための人間関係編み上げの肝要さを強調している。なおルネサンス期フィレンツェの「親族、隣人、友人」の三者の範囲・内実は、実際は重なりあう場合が少なくないことにも注意しておこう。

アルテやゲルフ党などの党派、プリオーレなど主要官職に頻繁に選出される家門なども、それらのメンバー同士、しばしば世代を継いだ「親族、隣人、友人」の社会的結合関係で結びついていた。こうした状況は、ルネサンスが個人主義でバラバラになった分裂社会であって、中世のような団体主体の社交的エートスはなくなっていった、という通説を脅かすものではなかろうか。

結婚は御家の一大事

こうして「家族」は、中世からルネサンス期にいたるフィレンツェ社会の基礎をなしていたゆえに、その繁栄を決定づける結婚は、家族の、否、一族の一大事であった。（家系にとって）

理想的な相手と縁組みできるか、そして男子の跡継ぎを作れるか、それが問題だった。ゆえに結婚の交渉は長くハードなものにならざるをえなかった。それは次のように進行した――

まず最初、仲人(結婚ブローカー)あるいは両家の友人が、親同士の協議の場を設ける。そこで縁組みが望ましいと両家が納得できれば、そこから一連の儀式が始まる。最初にして最大の懸案が「嫁資」であった。すなわち花嫁側が婚家へと持参する結婚持参金である。これは娘を嫁に出す父親にとって、自分と家の名誉を賭けた一世一代の事業である。一四〇〇年には六〇〇―九〇〇フィオリーノだった上層市民の嫁資の相場が、一世紀後には二―三倍にふくれあがり――ちなみに当時の零細工房経営者の年収は多くて一〇〇フィオリーノ、熟練工は数十フィオリーノ程度――、多くの娘を持つ父は経済的に破綻することもあった。といって身分の低い男に嫁入りさせるのは恥なので、親戚からお金をもらったり、娘を修道院に入れたりした。

こうした嫁資に起因する窮状を救うべく、一四二五年にはコムーネの肝煎りで一種の目的限定公債「嫁資モンテ」が出来た。最低六〇(のちに七〇)フィオリーノを預託し、年複利で五年(一八・四七%)、七年半(二〇・九六%)、一一年(一七・八四%)、一五年(一五・一八%)から選べた。大変な高利回りである。

新婦側が嫁資を支払う――大半金銭だが、その一部は、花嫁に持参させる衣類や装身具・水差し・裁縫道具その他身の周り品で代替――のに対し、新郎側は「結納」を提供した。それは

図 4-4　ボッティチェリ「ナスタージョ・デッリ・オネスティの物語・第 4 パネル(結婚の祝宴)」(部分，プッチ邸館)

花嫁衣装、披露宴代、嫁入り道具の一部、花婿の実家の新婚部屋の装飾、結婚の(性交による)成立時の現金支払いなどから成った。

この予備交渉がうまくまとまると、両家の両親が近親に伴われて再び会って、公証人の証書(契約書)にサインし、それを「握手の交換」impalmamentoで固める。その後カップルが新婦の家で誓約と指輪交換をして、めでたく婚約成立となる。

さらに、結婚が完遂すべき日には、夫とその家族は勝ち誇って、新婦の実家からフィレンツェの街路を通って新郎の館の新婚夫婦の部屋へと、新婦とその衣類一式を携えてパレードする。その際、冠を被り、けばけばしく化粧をした花嫁は、松明を持ち、白い小馬に乗せられて進み、花婿の友人たちも同道する。途中広場を通過するときはその周囲をぐるぐる回って、これから初夜が来ることを皆に知らせた。このパレードはあらかじめ町じゅうに布告されているし、当日も喇叭で喧伝するので、物見高い市民は街路で歓声を上げて見守った。儀式は両家の結婚披露宴で終わる。

図 4-5　カッソーネと出産盆(ダヴァンツァーティ邸館)*

ところで、結婚や出産を記念する家具にして美術品がある。もっとも高価なものは、新郎側が準備するカッソーネ(婚礼用長持ち)である。これは布類・リネンなど新婦の持ち物を入れるための木製の箪笥で、フィレンツェでは一三七〇―一五二〇年頃にかけて作られた。石棺のような形態だが、正面にはギリシャ・ローマ神話や歴史、旧約聖書の逸話、騎馬槍試合、婚礼場面などが描かれ、また箪笥の両端にも補足的シーンや家門の紋章が描かれることがあった。

また新生児祝いには父、友人、親戚から「出産盆」desco da parto が贈られる。それは円形、一二角形ないし一六角形で、最初は新しい母への食べ物の贈り物をおくのに使われ、その後は食器盆として代々伝わっていった。しばしば表裏に絵が描かれるが、テーマはいろいろで、愛の勝利、若返りの泉、出産祝いシーン、結婚シーン、チェス盤、家族の紋章、無垢な赤子の遊ぶ姿などである。他に肖像画、寝室用絵画、聖母を表した大理石ないし着色石膏像などが、一五世紀にしばしば美術品兼家具調度として上層市民の家に姿を見せ、有名な芸術家もこれらの制作に携わった。

たとえばマザッチョとその弟スケッジャはカッソーネや出産盆を作ったし、ネーリ・ディ・ビッチの工房は寝室用絵画の専門で、ジュリアーノ・ダ・マイアーノはレットゥッチョつまり収納箱を兼ねた木の長椅子作りが得意だった。そしてロッビア工房のテラコッタ(第八章参照)はあまり高価でなく一般人にも手が届くので、非常に普及した。

ヨーロッパ世界の大変革に翻弄されるフィレンツェ

さて、ロレンツォ・イル・マニフィコが一四九二年に亡くなると、長男のピエロが後を継いだ。彼はメディチ家に近い立場のベルナルド・ルチェッライやパオラントニオ・ソデリーニの監督下に統治を始めたが、未熟で才能もなかったので苦労した。折からイタリア半島情勢は風雲急を告げ、フランス王のイタリアへの野心が、教皇と皇帝の従来の戦いをさらに複雑化させた。そこにイタリア半島の都市国家、ミラノ公国、ヴェネツィア共和国などが関与してきた。

一四九四年には実際にフランス王シャルル八世(在位一四八三―一四九八)がイタリア半島を南下し始め、フィレンツェ市民を震え上がらせた。ピエロは自分を支える政権の家門たちと相談もせずにシャルルと勝手に交渉し、ピサやリヴォルノをはじめとする従属都市や要塞の権利放棄など、大幅に譲歩してなんとか侵入を避けようとした。

一一月八日、ピサにいたフランス王のところから戻ったピエロは、「家に着くと、砂糖菓子を外に投げてぶどう酒を沢山民衆にふるまった。民衆に気に入られようとしてだった。王とともうまくいっている自分を見せつけていた。そして上機嫌な顔をしていた」（『ランドゥッチの日記』より）。しかし上機嫌はたちまち冷めた。というのも、フィレンツェが苦労の末手に入れた征服地を手放したせいで反対派が勢いづき、メディチ家の代表者らは逃亡を余儀なくされたのだから。

そこに復活した共和制を率いたのは、多少ともメディチと妥協していたエリートたち、ルチェッライ家、カッポーニ家、ヴァローリ家のほか、いくらかの中間層もいた。この伝統的共和制の復活の試みの中で、サヴォナローラ（一四五二―一四九八）の声が大きくなる。

フェラーラ出身のドミニコ会士サヴォナローラの説教は、当初は風紀の乱れへの批判、道徳性向上の勧めであったが、次第に預言者じみてきた。ロレンツォ逝去後まもない一四九二年末近く、彼は「キュロス（ペルシャ帝国創建者でユダの民の解放者）のような王がアルプスの彼方からイタリアにやって来よう。神に導かれた彼を止めることは誰にもできず、いかなる都市・要塞も奪取されてしまおう」と予言していた。これがシャルル八世のイタリア侵攻で実現したと、市民たちを驚愕させたのであった。

ピエロが追放された後の共和制時代、サヴォナローラの影響下にメディチお手盛りの諸評議会が廃止され、一四九四年一二月には「大評議会」Consiglio Maggioreが創られた。これは従来ないほど幅広い市民を基盤とする立法および主要官職の選出機関であり、議員の有資格者は三〇〇〇人を数えた。それは豪族とポポロ（平民）の妥協の上に、集団支配体制と代表制――すなわち共和制――を実現しようという発想・計画への回帰であった。

こうしたことからも、サヴォナローラは過激な思想と行動の怪僧というわけではなく、フィレンツェの現実と伝統を見据えた、それなりにプラグマティックな政治家だったことが窺われ、その思想のエッセンスが『フィレンツェ統治および統治体制論』（一四九八）に詰まっている。そこで彼は、一方では終末論的ヴィジョンのもと、神を畏れ原始キリスト教の信徒らのように隣人愛に満ちた正しい生き方をせよ、と唱道しながら、他方では、共和制こそがフィレンツェ市民の気質に最適な政体だと説いて、それを具体的に実現するための方策を、細かな点にまで目を光らせて論じている。とくに彼が作った「大評議会」を守るべきこと、そこにこそフィレンツェの救いがあると強調した。

絶対王政を擁護する王権神授説では、神の代理人としての国王を神格化するが、中世・ルネサンス期の共和制においても、聖と俗、政治と宗教が独特な形で絡み合っていた。フィレンツェの共和制的伝統の根強さは、それを支えるキリスト教精神が息づいていたからだとも考えられよう。

もちろんこの共和制的伝統は、都市の社会関係を縫い取るパトロネージの紐帯と矛盾することはまったくなかった。それどころか「家族」を御旗に掲げた私的な利益の追求が公共性を促進し、あるいは私的なパトロネージの正統性を担保するために、共和制の理念や名誉感情がよりいっそう動員されたのである。たとえば一四七〇年代に富裕な銀行家のジョヴァンニ・ルチェッライは己れの建築への巨額の出資について、「上に述べたすべての事業は、私にきわめて大きな満足と喜びを与えたし今なお与えてくれている。というのはそれらは部分的に、神の名誉と都市の名誉とともに、私自身の記念にも関わっているから」とその『雑録』で記している。

図4-6　シニョリーア広場でのサヴォナローラの処刑(サン・マルコ修道院)

最後の共和制とその廃止

しかしこのたびの共和制は困難な道程にあった。サヴォナローラ派には寡頭派とメディチ派が対抗し、また民衆たちの絶大な支持を得て急上昇したサヴォナローラの威信も、教皇アレクサンデル六世(在位一四九二―一五〇三)からの執拗な反発・批判で弱まり、彼が教皇に破門(一四九七年五月)されると人心も離れていったからである。結局サヴォナローラは、一四九八年五月にシニョリーア広場で絞首のうえ火刑に処された。その後一五〇二年に、ピエロ・ソデリーニが「終身正義の旗手」という新規に設けられた国家主席職に就き、寡頭制を希望する上層市民と、多くの市民が政治参加できる共和制を願う中下層市民の両者の間のあやういバランスを取りながら、一〇年間この体制を維持した。

一四九四―一五一二年の「共和国」とは、実質は都市貴族たちの寡頭制でも、建前としては民衆の希望を容れた共和制を標榜するものであった。建前といったが、「古代の自由」への忠誠心に偽りはなかったろう。その象徴として一五〇一年、政権はミケランジェロに依頼してダヴィデ像を作らせた(一五〇四年完成)。またシニョリーア宮殿(ヴェッキョ宮殿)内の「五百人広間」では、一五〇三年、レオナルドとミケランジェロに競作させ、それぞれアンギアーリの戦いとカシーネの戦いという、いずれもフィレンツェが自由を守った戦争を描かせたが、両作品とも実現しないまま、二人の画家はフィレンツェを離れてしまった。

シャルル八世を継いだフランス王ルイ一二世がミラノ公国の継承権を主張し、一四九九年に同地を征服すると(第二次イタリア戦争)、フィレンツェは同盟関係にあったフランスが、フィレンツェのピサ再征服(これは一五〇九年に実現する)に力を貸してくれるものと信じていた。ところがまったく援軍は得られなかった。それどころか一六世紀初頭、教皇アレクサンデル六世の庶子チェーザレ・ボルジアの中部イタリアでの領土拡張の野心やスペインのアラゴン王フェルナンド二世の南イタリア侵出でイタリア半島は混乱し、教皇ユリウス二世も一五〇六年に軍事行動を始めた。教皇領の一部を占拠していたヴェネツィアを打倒したユリウスは、一五一一年フェルナンドとの同盟に調印し、フランス王にも刃を向けた。一五一二年フランス軍が撤退するとフィレンツェは孤立し、教皇軍やスペイン軍の餌食になった。マキャヴェッリが組織した軍隊も、スペイン軍には立ち向かえなかった。

フィレンツェは一五一二年九月に降伏し、マントヴァで開催された神聖同盟（教皇領、スペイン、神聖ローマ帝国、イングランド、スイス連邦、ヴェネツィア共和国の同盟）の代表者会議が、共和国政府の打倒およびメディチ家の帰還を命じ、ソデリーニは亡命した。上層市民たちは喜び、ロレンツォ時代の政体・制度を復活させたが、これは上辺のみの共和制で、実質はメディチ家に頤使される傀儡政権であった。恒常的な特別委員会を創ってその傀儡政権を操っていたのが、ロレンツォの次男で枢機卿になっていたジョヴァンニで、彼は九月一四日に一五〇〇人のスペイン兵に守られて帰郷していたのである。

ジョヴァンニが一五一三年教皇レオ一〇世として即位すると、甥のロレンツォがフィレンツェの支配を任され、一五一六年ウルビーノ公に任じられた。そのロレンツォも一五一九年に病死し、今度はレオ一〇世の従兄弟のジュリオ――一五一三年四月フィレンツェ大司教、同年九月枢機卿に任じられていた――がフィレンツェの支配者になった。この間、教皇庁もそれと一体のフィレンツェも、フランス、ドイツ、スペインなどヨーロッパ列強の権力ゲームに翻弄されつづけた。

枢機卿ジュリオが一五二三年に教皇に選出されてクレメンス七世になったが、愚かにも、一五二六年、コニャック同盟というフランスの対スペイン(神聖ローマ帝国)同盟に参加したため、翌年皇帝軍による「ローマの劫掠」が出来した。その混乱に乗じて同年五月、フィレンツェ市民が反乱を起こし共和制を復活させると、ウルビーノ公ロレンツォの息子(実際はクレメンス七世の庶子)アレッサンドロ・デ・メディチは主要な支持者とともに亡命した。

しかし一五二九年六月に教皇クレメンス七世と神聖ローマ皇帝カール五世(スペイン王カルロス一世)が和を結ぶや、皇帝をも敵に回したフィレンツェは、一〇月、数万の皇帝軍(スペイン軍)に攻囲されてしまう。必死で防備を固め踏ん張るものの飢饉・疫病に苦しみ、一五三〇年八月一二日降伏、メディチに反目する共和派市民は死刑ないし永久追放に処され、アレッサンドロが統治者として帰還した。

教皇と皇帝の取り決めでアレッサンドロによるメディチ体制が回復する。イタリアはスペインのヘゲモニー下に沈み、フィレンツェでも共和制時代の執政府(シニョリーア)制は廃止されて、スペインの武力に守られたメディチ家の君主制が、もはや共和制の見かけをかなぐり捨てて、誕生した。

一六世紀前半のフィレンツェの政体は、共和制的なモデルを掲げた都市貴族による寡頭制的統治(たとえば一五〇二―一五一二、一五二七―一五三〇)と、メディチ権力の再帰(とくに一五一二―一五二七)の交替であった。この目まぐるしい政治体制のシーソーゲームの時期には、政治のあり方への議論が高まり、思想家ニッコロ・マキャヴェッリ(一四六九―一五二七)や歴史家フランチェスコ・グィッチャルディーニ(一四八三―一五四〇)は、書記官や使節として政権に仕える中でフィレンツェ政治の実情を学び、人間性や歴史への洞察を深め、解決策を模索した。そして徳＝力を重視する共和主義者マキャヴェッリは『君主論』や『ディスコルシ』を、慎慮を重んじる貴族的保守主義者グィッチャルディーニは『フィレンツェの政体をめぐる対話』や『イタリア史』を書いた。

第5章

教会と修道院・施療院

フラ・アンジェリコ「聖ドメニコのひざまずく磔刑図」(サン・マルコ修道院)*

本章から第七章までは、ルネサンス期にその文化や信仰が花開く舞台、また枠組みになったトポスに焦点を当てていきたい。最初は、教会、修道院、施療院を取り上げ、ルネサンス文化の推進力の一翼としてのキリスト教信仰が、フィレンツェ人たちの心にいかなる作用を及ぼしたかを考えよう。それは一見、キリスト教とはあまり関係ないように見える組織体たるコムーネ(自治都市)自体が、まさに聖なる存在として観じられていたことと関わっている。

コムーネを支えるカリスマ

コムーネが聖なる存在であるというのは、中世の都市イメージ・観念に源泉がある。もともと初期中世のキリスト教の考え方では、穢れたこの世の最たるものが都市であった。それは、人間の大罪の元になる欲望がとぐろを巻く、逃れ出るべき虚栄の市にほかならない。この世に救いの場があるとすれば、それは人里離れた森の中や荒地、海上の孤島であり、そこで修行する修道士こそが、宗教的エリートとして天国の至福をほのかに先取りしていた。

ところが都市が成熟し自立していった一一―一二世紀以降には、とりわけイタリアにおいて、聖なる都エルサレムの隠喩が、修道院にも都市にも等しく当てはめられて互換性が確立するとともに、都市が政治・経済・文化のみならず、宗教的にも周辺地域一帯の中心地、宗教センターとなっていったのである。

都市政治の最初の担い手となった司教座はもとより、一三世紀に入れば、主要な托鉢修道会が軒並み都市部に定着することは、フィレンツェにそくしてすでに述べた通りである。農村や森林部からは聖性が吸い上げられて都市に凝集していき、そこに集まった聖なる要素は、もろもろの修道院や教会、礼拝堂、聖像や聖遺物に秩序立って分散配置され、儀礼の数々で励起されながら、全体として地域における都市の中心性が際立てられるのである。

これに加えて、フィレンツェにはコムーネとしての存立を保証する超越的権力が欠けていた。ヨーロッパ世界で俗人でありながら聖なる存在とされた王や皇帝は、フィレンツェからは遠い彼方にいて、その権力も権威も及ぼさなくなって久しかった。フィレンツェは、皇帝から特権を与えられ自治を享受するのみか、皇帝と鋭く対立することも稀ではなかった。では教皇はどうか。ゲルフ寄りの都市としてのフィレンツェは、教皇と密接な関係にあるはずだが、すでに述べた「八聖人戦争」のように領域支配をめぐって対立することもしばしばで、あまり頼りにはならなかった。

ということは、皇帝も教皇も、危機の際フィレンツェが頼るべき超越的権威ではなかったのである。さらにこのトスカーナの首邑には、二カ月任期の市民代表の執政官が一〇名たらずいるだけで、一六世紀になるまで「君主」はいなかった。それゆえますます己れの内に聖性のありかを見つけなくてはならなくなったのである。

そこで白羽の矢が立てられたのが、守護聖人と修道士たちであった。ドゥオーモや洗礼堂、また伝統的な修道院や新来の托鉢修道会の修道院、その他の教会には、マリアや洗礼者ヨハネなどの聖人が祀られ、彼らの加護を願う儀礼が日常的に行われた。そして危機の際には、聖遺物や聖像を捧持する宗教行列が町を練り歩いた。また市門は守護聖人像で飾られていた。

修道士の役割としては、橋や公共建築事業への関わりがある。フィレンツェではシトー会やウミリアーティ会の修道士が市壁建設を任されたが、彼らは進んだ技術で建設を主導する以外に、当局からお金を受け取り労働者に支払う役目を担った。とくに橋造りは聖なる事業とされた。もともと修道士はヨーロッパ全域で森林伐採や荒地開拓などの尖兵だったが、鉱山開発や建設事業にも熟達していたのである。

財政管理の立場でも修道士が活躍した。一三世紀末から彼らが定期的に間接税徴収の責任者になったのもそのケースだし、俗人が作成したエスティモ(財産評価)を算定・査定して決めるのも彼らの役割だった。彼らは穀物を監督して市民に売る経理係にも選ばれ、俗人の経理係と組んで仕事した。

また修道士はフィレンツェ政府の官職者選出のための身元調査、投票・開票プロセスの秘密のポイントにも欠かせない存在で、さらに都市政府にとっての貴重品管理も彼らに任された。つまり政府の現金・貴重品、財政・外交記録、市民の課税台帳、先の章でふれた官職籤引き用の皮袋などが、修道院教会（サンタ・クローチェとかサンタ・マリア・ノヴェッラ）の聖具室など、神や聖人の罰を畏れて人が盗みに入らない安全な場所に保管されたのである。

これらの例が示しているのは、後期中世からルネサンスにかけてのフィレンツェでは、建設、政治、財政に関わるデリケートな場面で、聖職者・修道士が分有する聖性に依存していた、ということである。

もうひとつ、修道女も独自の働きをした。修道女らは戦争や財政的理由、家族の事情などで、農村部から市内にどんどん入ってきて、とりわけ一四世紀前半からその数が増えた。修道女らは市門の近くとか、いくつか特定の街路沿いに集まった。とりわけサン・ピエル・マッジョーレ広場から現在のボルゴ・ピンティ通りに沿って、それからサン・ロレンツォ教会からサン・ガッロ通り（いわゆる「修道院街」）を通って同名の門までの二つの軸沿いが集住地のひとつ。ほかにはオンニサンティ周辺、ギベッリーナ通り、サン・ピエロ・ガットリーノ門（今のローマ門）周辺であった。

これらの街路の両側および脇道に出来た修道院に、何百人という修道女が住み着いた。こうした場所に作られたのは、土地の安さや大きな菜園が作れるということもあるが、市門が外の世界への開口部で、コムーネと市民が外敵や悪の力に晒されやすい脆弱な場所だからという理由もあろう。

女子修道院では奇跡がしばしば起きたし、修道女らによる聖史劇は名物になった。厳しい戒律を守りながらフィレンツェのために唱えつづけてきた彼女らの敬虔な祈りは、「二〇〇〇頭の馬より価値があるのだ」と一四七八年、サン・ピエトロ・マルティレ修道院の修道女らは述べている。

ちなみに手先の器用な修道女らは、絹糸・金糸の糸紡ぎ、刺繍、祭服作りや書物生産などでフィレンツェの産業の一翼を担っていたことも言い添えておこう。

信心深いフィレンツェ人

後期中世からルネサンス期にかけて、フィレンツェでは官民挙げての「都市の聖化」への動きがあったことは以上で明瞭であり、そこに住む市民たちがたいそう敬虔であることは、容易に想像できよう。一五世紀フィレンツェには、町じゅうに宗教の香りが漂い、市民の生活は、鐘の音、香の匂い、蠟燭の光、祭壇の花、連禱・行列・祝祭の中に過ぎていった。中世以上に豪奢な宗教儀礼で公に霊性が示される一方、家庭にも宗教書や聖像——聖母マリアや嬰児イエス像——とともに霊性は入り込んだ。

各地の教会では、毎朝ミサが行われた。日曜以外に四〇ほどの祭日があり、それぞれの聖人を祀る教会を中心に念入りな儀礼が行われたし、一三世紀から定着した托鉢修道会の声望はルネサンス期にはいよいよ高まり、その説教師の話には、群れ集まった市民らが真剣に耳を傾けた。

フィレンツェの街路沿いの家屋の壁には、異端の蔓延を防ぎ正統信仰を守るとともに魔除けの役も果たした壁龕《へきがん》——主にマリア像を安置——が一三世紀から次々作られ始め、夥しい数になった。家庭内でも屋外でも、マリアにはどこでも祈れたが、その本山というべきは、サンティッシマ・アンヌンツィアータ教会とオルサンミケーレ教会であった。両教会のマリアの祭壇には、銀や蠟製の奉納物が大量に納められた。他にもマリアに捧げられた教会や礼拝堂はいくつもあり、毎日蠟燭を供える人が絶えなかった。

ところで第七章で「シニョリーア広場」を論じるときに、フィレンツェの都市計画がいかに男性的に構築されているかを述べるつもりだが、その公的・政治的な男性性は、マリアだらけ、という宗教的側面ないし私的空間における女性性優位と矛盾はなかったのだろう。あるいはこの矛盾が、ルネサンス期フィレンツェを「同性愛者の町」にしたのかもしれない。

フィレンツェが男性的な町なのか女性的な町なのかはともかく、ルネサンス社会は、禁欲的・厭世的な中世に比べて、たしかに快楽主義に傾いていった。それでも皆、自分を良きキリスト教徒と自任していた。後段でやや詳しく述べるように、兄弟会に加わる市民は引きも切らず、また教会や修道院に寄進をし、慈善事業に熱意を示す市民も同様にきわめて多かった。死期が迫れば皆、懺悔し遺言書を作成して、家族に残す財産を、誰に何をいくら、などと記載した。宗教施設(教会、修道院)や慈善施設(兄弟会、施療院)にも遺贈して、その対価として、自分の魂のためにミサを挙げ祈りを捧げてくれるよう、点すべき蠟燭やランプの数まで細かく指定して懇願した。

母親は幼い子供に「天使祝詞」「主禱文」「ミゼレーレ」の祈りを教え、また教会に連れて行って宗教のことを学ばせた。商人らが残した覚書や日記にも、祈り、諦観、信心深い励ましの言葉などが満ちていて、そこから彼らの宗教心が窺われる。

たとえば、絹織物業を営んでいた商人グレゴリオ・ダーティは、一五世紀初頭に、自身の罪深さを悔いて神やキリストの加護を願うとともに、教会の定めた祝祭日にはけっして店を開いて仕事をせず、また以後永久に金曜日には肉体の純潔を守ること、そしてもしそれらを怠ったら、貧者に毎回二〇ソルド施し、また主禱文と天使祝詞を二〇回ずつ唱えることを決意した、と日記(『秘密の書』)に記している。

有力家門の教会支援と家族礼拝堂

さて後期中世からルネサンス期にかけての信心深いフィレンツェ人たちは、自らの財産を好んで宗教的パトロネージに使おうとした。それは公的な建物やそこに描かれ設置された絵画・彫刻などに気前よく出資することで、自分と家族の栄光を達成できると考えたからである。ドゥオーモや洗礼堂、あるいは托鉢修道会の教会は公共的な建築であるが、その多くは富裕な家門の後援を得ており、こうした家門は「礼拝堂」という形で公共建築の一部を私有し、家族の栄誉ある来歴を顕彰しようとしたのであった。

図5-1　サン・ロレンツォ教会身廊*

まずメディチをはじめとする有力家門の教会支援を見てみよう。サン・ロレンツォ教会は、もとロマネスク様式で建てられたものを、メディチ家がブルネレスキに依頼して一四一九年以後改築し、その結果、内部はフィレンツェにおけるルネサンス様式の典型となって後続の教会建築に範を示した。そしてこの教会は徐々に、メディチ家の菩提寺のようになっていった。

もうひとつメディチ家と密接な関係を持つようになったのが、サン・マルコ修道院である。そこにはもともとベネディクト会のシルヴェストロ派の修道院があったのだが、一四三六年に厳修派のドミニコ会の所有となって再建された。その際、近隣に住んでいたメディチ家の老コジモが高利貸しの罪を悔いていることを公的に示すために、改築・拡張工事代を負担した。建設指揮は建築家ミケロッツォ・ディ・バルトロメオ(一三九六—一四七二)に任され、一四五一年にかけて建設がつづいた。ここは一四三六—一四四三年、フラ・アンジェリコがフレスコ画を多く描いたことでも知られている。

メディチ家による大きな資金を投じての第三のパトロネージは、サンティッシマ・アンヌンツィアータ教会に関わるものだった。内部には奇跡のマリア像を安置するために一四四八年、巨大な聖壇がミケロッツォにより制作・彫刻されたが、資金を提供し命じたのがピエロ・イル・ゴットーゾだった。この聖壇は四本のコリント式円柱とそれらに支えられたエンタブラチュア(軒蛇腹、フリーズ、アーキトレーブからなり柱列に支えられた水平部分)からなり、洗練されたすばらしい大理石と金属細工が組み合わされている。これにより、堂内を照らす三〇の銀のランプともどもメディチ家の財力と名誉を見せつけたのである。

メディチ家ばかりではない。他の有力家門も、自分たちの名誉を輝かすため、教会の中に私的礼拝堂を確保した。教会を飾るフレスコ画を、聖具・典礼写本・蠟燭などとともに寄付すれば、煉獄にいる祖先の魂を助けて劫罰を軽減させられる、との思いもあった。家族礼拝堂設置場所に好んで選ばれたのは、存在感を高めていた托鉢修道会の教会であった。中でもフランシスコ会のサンタ・クローチェ教会が随一であった。

まず一四世紀前半の影響力ある大家門で聖フランチェスコに献身的なバルディ家とペルッツィ家がこの教会を利用した。両家とも当時のもっとも偉大な画家ジョットに礼拝堂装飾を依頼した。それは一三二〇―一三二五年のことで、バルディ家は聖フランチェスコ、ペルッツィ家は洗礼者ヨハネと福音書記者ヨハネの伝記からテーマを選んだ。

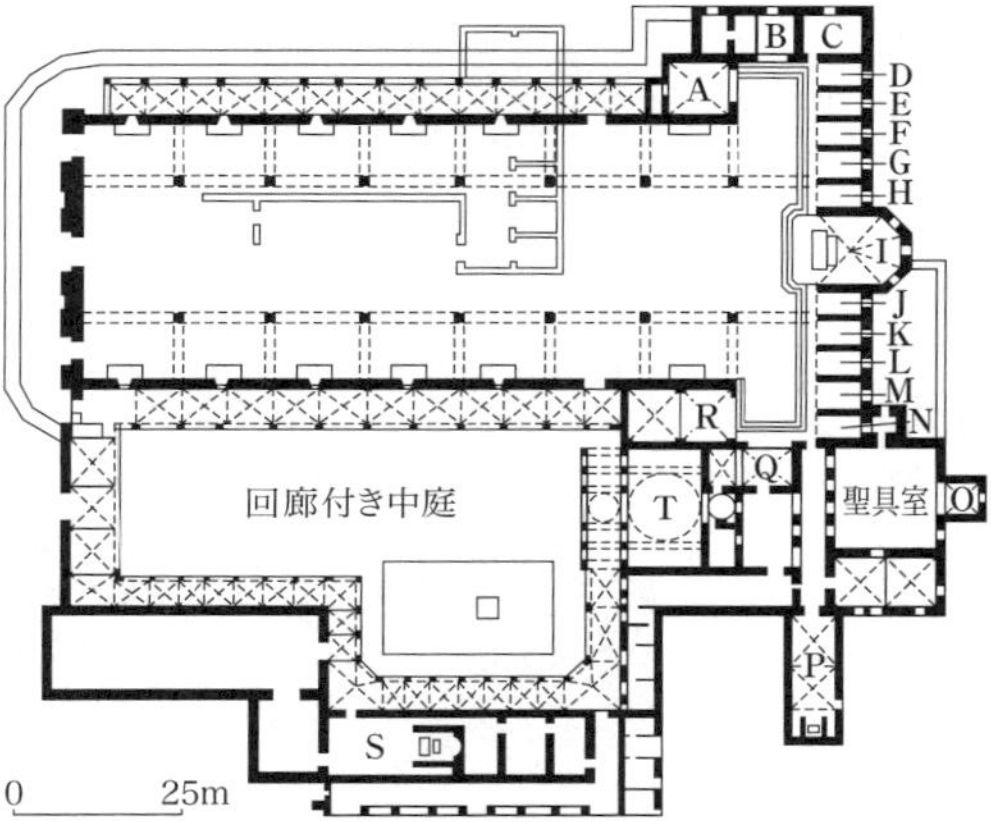

A サルヴィアーティ家　B バルディ家　C ニッコリーニ家　D バルディ家
E プルチ家およびベラルディ家　F リカーソリ家　G カッポーニ家
H トシンギ家およびスピネッリ家　I 主祭壇のある礼拝堂　J バルディ家
K ペルッツィ家　L ジューニ家　M カルデリーニ家　N ヴェッルーティ家
O リヌッチーニ家　P メディチ家　Q バロンチェッリ家　R カステッラーニ家
S カニジャーニ家(現美術展示室)　T パッツィ家

図 5-2　サンタ・クローチェ教会平面図(家族礼拝堂の位置)

その後バルディ家は、翼廊の左翼の礼拝堂に、マーゾ・ディ・バンコ画の聖シルヴェストロの伝記を加えた。

つづく世代、他の家門もこぞってこの教会にフレスコ画で飾られた家族礼拝堂を持とうと活動した。バロンチェッリ家(タッデオ・ガッディ作)、リヌッチーニ家(ジョヴァンニ・ダ・ミラノ作)、カステッラーニ家(アニョロ・ガッディ作)などが、礼拝堂の権利を獲得した。

図 5-3　サンタ・マリア・ノヴェッラ教会*

またパッツィ家礼拝堂はブルネレスキ(ジュリアーノ・ダ・マイアーノという説もある)が設計し、その死後一四五九年に完成したが、サンタ・クローチェ教会内部にはもはや場所がなかったので、その外の修道院回廊に面したところに造らせた。

かくて多くの大家門の発する信仰心のメッセージの貯蔵所ともなったこの教会では、一三世紀後半のチマブーエの「磔刑図」(図3-4)から一五世紀後半までのフィレンツェ美術が一望できるのである。

他方もうひとつの霊的センターとなったサンタ・マリア・ノヴェッラ教会も同様で、バルディ家、ルチェッライ家、ストロッツィ家、カヴァルカンティ家などが後援し、家族礼拝堂を設けた。同教会に関しては、その外観の美化への援助も見落とせない。ルネサンス期フィレンツェを代表する富豪であったジョヴァンニ・ルチェッライは、メディチ家に劣らない大度を示して、一四五〇年代後半、自分の四分区にあるこの教会の改修工事に出資し、その結果、レオン・バッティスタ・アルベルティ（一四〇四—一四七二）設計の美しく調和したファサードが出来上がった。

さらにメディチ家が盤踞するサン・ロレンツォ地区の有力家門とライバル関係にあったオルトラルノのサント・スピリト地区の諸家門は、一四三四年に以前の小教区教会に替わる教会（サント・スピリト教会）を造らせた。そして四〇もの家門の平等の出資で、主祭壇から等距離の家族礼拝堂（兼墓所）群が出来上がった。

家族礼拝堂の設置など、家族メセナによる教会内部の装飾キャンペーンの大波は、こうした大修道院の教会にとどまらない。他にも多くの小教区教会、修道院、祈禱堂など、都市内や郊外の教会に名門家族が才能溢れる画家に依頼して絵を描かせ、それを自分の家門の名前と結びつけたのである。この傾向は一三世紀にスタートし、一四世紀後半から一五世紀にはますます顕著になっていった。それは都市当局やアルテ（同職組合）のパトロネージに替わって、私的パトロネージが優勢になっていったことと軌を一にしている。

慈善事業の歴史

一三世紀以降フィレンツェの主要建築・施設の設立には、公共性と私人性が交差することを、教会・修道院への家族メセナをクローズアップすることで見てきたが、ここに慈善施設も付け加えなければならない。

図5-4　ビガッロのロッジャ*

フィレンツェでは、まず一二四〇年にヨーロッパ最古の世俗的慈善施設にして兄弟会たる「ミゼリコルディア大兄弟会」が出来た。ミゼリコルディアの黒衣と黒頭巾の兄弟らは、貧しい病人を自宅で世話したり、施療院に運ばれた病人を見舞ったりする義務を負ったが、一三五〇年代にはロッジャ(第六章参照)を建設して、市中で見つかった迷子・捨て子を、両親か引き取り手が現れるまでしばらく預かった(このロッジャは「ビガッロのロッジャ」として知られ、サン・ジョヴァンニ広場とカルツァイウオーリ通りの間にあり、現在では小さな博物館になっている)。また一三六三年には瀆神の言辞を吐く者からの罰金で網籠を作って、病人を施療院に運ぶようになった。一四二五年、ミゼリコルディアは、別の世俗兄弟会で一三世紀から孤児院の仕事を中心に市内の施療院の管理をしていた「ビガッロ兄弟会」と合体した。

いっそう有名なのは、サンタ・マリア・ヌオーヴァ施療院(今でもフィレンツェ中心部にある病院の元)である。これはフォルコ・ポルティナーリという富裕商人が一二八五年に私有地を提供して建設され、一二八八年に開設。医師・薬種商組合のメンバーが毎日訪れ、またカリマーラ組合が支援した。多くの寄付・遺贈を得、またトスカーナ地方に散らばる小さな教会を傘下に収めた。建物内にはジョヴァンニ・デッラ・ロッビアやミケロッツォのテラコッタ作品がある。

サン・ガッロ施療院は同名の門近くにある最初期の施療院で、グィダロット・ディ・ヴォルト・ダッロルコという人物とその妻が貧者と巡礼者の世話をするため一三世紀初頭に建てたものである。その後拡張されて捨て子も受け容れた。この施療院を支援したのは、両替商組合、絹織物業組合、毛織物製造組合の三つのアルテであった。一三〇六年にはサンタ・マリア・デッラ・スカラ施療院がやはり材木商チョーニ・ディ・ラーポ・ポッリーニの私的な寄付で建てられ、貧しい巡礼者や病人、妊産婦や捨て子を受け容れた。靴職人組合がこの施療院の維持管理を引き受けた。

アルテ後援による施療院建設・運営は、一四―一五世紀に活発化したが、それは私人の発案を引き継ぐ形が多かった。一三七六年に建てられたボニファチオ施療院は傭兵隊長だったボニファチオ・ルーピの遺贈が端緒で、それをカリマーラ組合が後援した。サン・マッテオ施療院も銀行家レンモ・バルドゥッチが建設工事を始めたものを、両替商組合が引き継いだ。裁判官・公証人組合は、もともとフランシスコ会傘下のピンツォケリ（共同生活する敬虔な俗人たち）が管理していたサン・パオロ施療院を引き継いで、一四〇三年以降、後援することになった。次項で取り上げる捨て子養育院は、プラートの商人フランチェスコ・ディ・マルコ・ダティーニの多額の寄付に加え、絹織物業組合が後援して一四一九年に建設が決まった。

フィレンツェ人は、悲惨な境涯にある者たちの増加を憂い、それを都市の名誉に係る問題と捉えて、喜捨・救済を秩序立てて行おうとした。とくにペストに見舞われて病人と死者が市中に溢れると、巡礼者の世話よりも市内の貧者・病者らの世話を優先すべきだとして、いくつもの施療院が設立されたのであろう。

施療院に関しては、アルテの存在感は一三世紀からずっとつづいたが、一五世紀には大アルテ以外に小アルテ・兄弟会も加わって、より小規模な施療院の経営に参加するようになった。こうした団体の後援は、しばしば富裕な商人や貴族のイニシャチブを引き継いでいたし、また成立後は、中下層の市民も、寄付や職員という形でそこでの慈善の輪に加われたのである。おそらく施療院のパトロネージには、教会や修道院へのパトロネージ以上に、民主的にして市民全体を巻き込む力があった。

ところが、こうした慈善事業主体の世俗化・分散化という傾向とは反対の潮流も、同時に大きくなっていったことに留意すべきだろう。一四世紀後半から一五世紀にかけて、都市当局による慈善施設への直接管理体制が強化されたのである。つまりいくつかの代表的慈善施設は、当初大きな信頼を得ていたが、やがて不動産投機やマネージメントの失敗、施設長による公金流用や勝手な売買、友人への財産貸与や利権付与などが明るみに出て、寄進・遺贈をする市民らの不満が爆発したためである。そこで当局の介入があり、役員選出法を規制した。さらに一四一九年にはあらゆる兄弟会が執政府の特別許可がないと慈善活動ができなくなり、政治活動は禁止された。一五世紀は、コムーネ当局による慈善事業全体の統制の時代でもあるのである。

捨て子養育院とオルバテッロ

死亡率が高く平均寿命さえ三五歳前後のこの時代、家系の存続と発展のために、嫁入りした女性には多くの子を産むことが望まれた。そして母を中心に、子供たちを大切に育てようとする気持ちが商人家系の記録からは垣間見える。実際に子沢山家庭は多く、一〇人を超える子を産む妻は普通で、アントニオ・マージという鍋釜製造職人の妻ケッカは、一四五九年に五七歳で亡くなるまでに三六人も子をもうけた。そして現在まで伝わっている商人の覚書や書簡には、子供への愛情を綿々と吐露しているものがあるし、実子に加えて養子を引き受けて家庭をさらに賑やかにするケースも多く、それは一種の美徳行為とされた。

子供好き、可愛がりは、とりわけ一五世紀に入って顕著な傾向であり、嬰児イエス崇敬の高まりや道徳家による子供教育論の盛況、幼いイエスや聖人姿の聖なる人形 putti/bambini の人気もそれを物語っている。

だがその一方で、子供の遺棄や子殺しの悪しき慣習も継続していた。婚外子——女奴隷や婢に主人が手をつけて出来た子や聖職者・修道士・修道女の子など——や、母親の再婚で連れ子にできないとか、極度の貧困や病気、両親・片親の死亡が、捨て子や子殺しの原因になった。そこでフィレンツェでは、一三世紀末から一六世紀初頭まで子供のための施設が発展していった。しかし当初は捨て子専門施設はなくて、上に見たような全般的慈善施設において、貧者・病者などとともに捨て子・孤児を預かるという雑居形態であった。後に時代のニーズに合わせてより専門化した施設の設立が決められ、一四四五年に開設したのが、インノチェンティ捨て子養育院であった。

この捨て子養育院は、まもなくフィレンツェとその領域の子供福祉センターになっていく。他都市のような回転箱の代わりに、格子付きの小さな窓口がロッジャの北の端にあり、脇に据えられた鐘を鳴らしてその窓口から子供をそっと入れる仕組みになっていた。開設時には六〇人の子を収容したが、一四六六年には二〇〇〇人ほどが施設内におり、加えて施設外で農村の乳母に養育されている子が四五〇〇人ほどいた。子供の数はその後もずっと増えつづけた(一四八三年末までに受け容れられたのはのべ六三四六人にも上る)。

フィレンツェのコムーネにとって、子殺しや捨て子の増加は許し難いものだった。そんなことをする親は市民としてもキリスト教徒としても悪しき見本だし、こうして捨てられた子は洗礼も受けられず、天国に行けなくなってしまう。だから至高の共和国とその自由を守る堅固な柱として、本格的な捨て子養育院が要請されたのである。さらに保護された捨て子たちの純粋な祈りにより、フィレンツェ共和国は神の慈愛を得て発展できるのだ。そこには、都市の名誉と安寧だけではなく、家族の名誉と統合性もかかっていたことを看過してはならない。というのも、望まぬ子の存在が家族を崩壊させたり、罪を犯させたりする恐れがあったのだから。

この施設には「家族イメージ」が覆い被さっていた。母親役はそれぞれの捨て子を最初に養育してくれる農村の乳母であり、父親役は養育院自体ないし都市国家が代行する。捨て子養育院の建物は、ブルネレスキによるルネサンス建築の代表であるが(第七章および第八章参照)、建物の正面に、同時代の都市貴族の邸館よろしくロッジャが付設されていたのは、この施設の職員・乳母・子供、あるいは寄進者の市民全体(を代表するコムーネ当局)が、拡大家族に擬されていた証拠となる。内部には、捨て子棟、寝室、教会、事務所、薬局、食堂、看護婦部屋などあらゆる設備が整っていた。

やはり「家族」を守りつつ「都市」の名誉を確保するために一四世紀後半に出来た斬新な慈善施設が、フィレンツェにはもうひとつあった。それは、オルバテッロという貧しい寡婦と捨てられた妻のための施療院である。アルベルティ家の一人ニッコロ・ディ・ヤコポがフィレンツェ市の北東部、サン・ジョヴァンニ四分区の鍵旗区のサン・ピエル・マッジョーレ小教区に建設を始め、その死後息子のアントニオの時代(一三七七—一三七八)に完成した。

オルバテッロが画期的だったのは、寡婦がその子供たちと離れずに一緒に住める施設だったこと、しかもそれが修道院や教会の関連施設ではなく、まったくの世俗的施設であり、そこに多くの俗人女性を共同生活させたことである。そして寮母が母中心の家族を引き受け、母子家族の連帯を広げていく。オルバテッロはまさに女性による女性のための施設であった。

だがここも中央管理への道は避けられず、一四〇〇年にアントニオが陰謀に加担した廉《かど》でフィレンツェから追放されると、当施設はコムーネによりゲルフ党の管理下におかれた。ゲルフ党は、成長して結婚のためここから出て行く若い娘の嫁資を助成してくれたが、男の子は、女性を誘惑する年代になる前に去らねばならなかった。施設内の人口は一五一一年には二〇三人、一五二二年がピークで二五九人、一五六二年には一七八人で一八世紀まで大きな役割を果たした。いずれにせよこの施設も、家族の名誉を都市の名誉とともに救ったのである。

兄弟会

兄弟会とは、俗人たちが教会当局の認可のもと、おなじ聖人への崇敬心を軸に相集い、死者供養・記念と相互扶助および慈善事業を中心に据えた活動をする団体である。フィレンツェの兄弟会は、托鉢修道会の影響下に一三世紀半ばに異端対策を兼ねてようやく本格的に形成され始め、一四世紀から一六世紀に一大発展し、何万人もの市民が少なくともひとつの兄弟会に加わっていた。ルネサンスの社会的結合関係を代表する社団である。一七八五年に時のトスカーナ大公ピエトロ・レオポルドにより廃止されたときには、市内の兄弟会は二五〇以上を数えた。

兄弟会はいくつかのタイプに大別できる。

第一に、一二七〇年代から結成され始めた「ラウダ兄弟会（ラウデージ）」がある。夕べのお勤めのほか、祝祭日には典礼儀式に参加し、ラウダつまりマリアをはじめとする聖人への賛歌を俗語で歌い、所属の各地区の教会で聖史劇を演ずることを主たる役目としていた。フィレンツェでは一三世紀末から一五世紀末に熱心な活動を展開したが、彼ら――父親や夫の同意を得て加入する女性もいた――は慈善活動にも力を入れ、パンや穀物を定期的に貧者に配った。

ラウダ兄弟会は、各教会に付属していた。主なものとしてサンタ・マリア・デル・フィオーレ大聖堂にはサン・ザノービ兄弟会、サンタ・マリア・ノヴェッラ教会にはサン・ピエトロ・

マルティレ兄弟会、サンタ・マリア・デル・カルミネ教会にはサン・タニェーゼ兄弟会、オルサンミケーレ教会にはオルサンミケーレ兄弟会が属していた。とりわけオルサンミケーレ兄弟会は有名で、一三二〇年前後には会員は三〇〇〇人を数えた。

第二は、鞭打ち修行をするグループ「鞭打ち苦行兄弟会」である。この兄弟会は、一二六〇年代にウンブリア地方のペルージャで発生した鞭打ち苦行団の運動が起源となり、各地に広まっていった。彼らの鞭打ちはキリスト受難の模倣であり、その苦しみを自ら背負うことで煉獄での罰を軽減させようとする意図があった。暗闇や穴倉で鞭打ちし、藁布団で一夜を過ごす「夜の兄弟会」とか「穴倉兄弟会」もその仲間である。ラウダ兄弟会が庶民的で広く市民の霊性と交流したのに対して、こちらはエリート主義的だった。

第三に、すでに前項で見たミゼリコルディア大兄弟会やビガッロ兄弟会のような慈善団体としての兄弟会がある。貧民救済、喜捨集めとその施与、遺産分割などを仕事とする。一四一〇年に設立されたサンタ・マリア・デッラ・ピエタ兄弟会はとくに人気があり、毎週末貧者にパンとワインを施与するなど活発な活動をした。ラウダ兄弟会がこのタイプの役目も兼ねていることがあり、オルサンミケーレ兄弟会はその例である。

さらに四つ目のグループを挙げることもできよう。フィレンツェに固有の青少年兄弟会である。青少年兄弟会は一三世紀末から存在したが、一四一一年に金細工職人が創った大天使ラフアエロ兄弟会（ないしキリスト降誕兄弟会）を皮切りに一五世紀の経過中に急増し、一四九〇年代には「福音書記者聖ヨハネ兄弟会」「切り株のサン・ニッコロ兄弟会」「聖母マリアのお清めの兄弟会」など、同種のものが一二も出来ていた。もともと一三歳から二四歳まで受け入れていたが、一四四二年にはジュニア（一九歳まで）の部とシニアの部に二分した。

そこでは二人の大人の監督下に大人の兄弟会と同様なミサや告解、祈り、他の宗教儀礼などの霊的なお勤めをする傍ら、遊びの要素も導入された。この兄弟会に属することで、青少年が羽目を外し秩序を乱すことのないよう、あらゆる領域で規律正しい生活を送らせる教育的な配慮も備わっていた。フィレンツェでは、やがてこの青少年兄弟会のもっとも大切な役割として、祭りや演劇の準備・上演が数えられるようになった。

第6章

邸館とヴィラ

ルチェッライ邸館*

これまで、ルネサンス期の社会と文化を支えてきた要因として「キリスト教」と「家族」という二つに目を向けてきた。だが本来、ルネサンス文化のコアにあるとされてきたのは、異教——ギリシャ・ローマ——の再生であり、また世俗的価値観の解放であろう。もしそうなら、それらの検討も欠かせない。だが面白いことに、ここにも「家族」は健在で推進力になっていたのである。まず新たに建造された世俗建築を検討してその点を確かめ、ついで世俗文学・思想の書き手と読み手について瞥見してみよう。

邸館の美化

フィレンツェにおけるルネサンス期の新たな建築物として刮目すべきは、「邸館」palazzo である。貴族・大商人の大家門が一族の名誉と威信を賭けて、それぞれの地区の核となるような立派な建造物を建てる傾向は、盛期中世に遡る。しかし一三世紀末から国際的な商取引や銀行業に携わって経済力と政治力をつけた新たなエリートたちは、新時代に適合したセンスのよい形態の住居を望んだ。つまり旧来の塔を目印とした「塔状住宅」case-torri 様式の建物ではなく、街路に面した、まさに外部に広く開かれた形の「邸館」タイプの館を建てるようになったのである（初期の例は、フレスコバルディ、モッツィ、スピーニ、ペルッツィ、デル・ベンボ、ルッジェリーニなどの家門の館）。

そして一四世紀の経過のうちに、一階部分が浮出し飾りのある切石積壁面で造られ、また連続した拱門《きょうもん》（小アーチ状開口部）が備わったタイプが定番になっていった。このタイプは今でも、一三三〇年頃造られたダヴァンツァーティ邸館（元の名はダヴィッツィ邸館）に見て取れる。

ダヴァンツァーティ邸館に見られるような初期の邸館は、まだ細長く立ち上がっている。それは中世の一般家屋の区画をそのまま維持しながら建てられたからである。すなわち正面の幅四―六メートル、奥行き一〇―一五メートルという狭い区画である。一般に三―四階建てで、一階は店舗か倉庫、二階は「ピアノ・ノービレ」と呼ばれて主人の居間をはじめとする大きな部屋が設えられ、来客を迎えられるようになっていた。

図 6-1　ダヴァンツァーティ邸館（中央奥）*

だが一五世紀になるとより水平性を強調した建物、つまり横長の邸館が主流となる。そ

のためにはもちろん土地の買収も必要だった。この世紀には、一〇〇もの邸館が新築・改築されて、以前のものよりも巨大でかつ美しい姿を提示している。その基本型は、コルティーレ(中庭)を中心とし、アーケードで取り囲まれた二―三層の正方形の構造体である。その一階(と二階)はピエトラ・フォルテなどの岩石、上階がより繊細な素材の石造りだが、下階が石、上階が煉瓦(と化粧漆喰)造りという組み合わせも普及した。巨大な軒蛇腹が建物を上から締めくくると同時に、水平性を強調した。

そして一五世紀半ばから後半にかけ、フィレンツェ・ルネサンス世俗建築を代表する邸館がつぎつぎ造られた。まず第一に注目すべきは、ラルガ通り(現カヴール通り)にあるメディチ邸館(現在のメディチ・リッカルディ邸館)である。老コジモが一四四四年、ミケロッツォに命じて造らせ、完成は一四六〇年であった。全体を石造りにしたはじめての邸館として記念すべきものである。

図 6-2　メディチ・リッカルディ邸館の中庭*

三階建てだが一階は粗削りの石積(ルスティカ仕上げ)で扉口は力強いアーチで縁取られている。

ファサードの石組みは上階に行くにつれより平滑な表面仕上げになる。薄い古代風蛇腹が階を分けていて、その上に繊細な二連窓がある。またおなじく古典的な要素は、半円形アーチおよびその開口部を囲う繰り形やエレガントな迫石《せりいし》である。さらに狭間付き胸壁は姿を消し、代わりに据えられた古典的な軒蛇腹は、歯飾り、卵鏃《らんぞく》飾りの繰り形、格間、薔薇形装飾、溝彫りなどで飾り立てられている。ファサードをはじめ各部分は、モジュール（基準寸法）が徹底的に適用され、整然たる比率関係になっている。この洗練されたルネサンス建築は、以後の邸館のモデルとなった画期的なものである。

メディチ邸館をさらに進化させたのが、ルチェッライ邸館である（本章扉）。富裕商人のジョヴァンニ・ルチェッライが、一四四〇年代に家族の名誉のために莫大な資産を投じてヴィーニャ・ヌオーヴァ通りに館の再建を計画し、その依頼でアルベルティが一四四六年に設計、ベルナルド・ロッセリーノ（一四〇九―一四六四）が実際に建築家として現場で指揮し、一四五一年に完成した。この建物のファサードの形はメディチ邸館を反復しておなじく三階建てで、階の間に蛇腹がありその上に繊細な二連窓が乗っているのも同様である。だが石はルスティカ仕上げでなくすべて平滑な仕上げだし、邸館としてより小ぶりながら、無骨で堅牢なメディチ邸館に比べるとはるかに優美である。三種のオーダーすなわちドーリア式（一階）、イオニア式（二階）、コリント式（三階）がすべて使用されている最初のケースでもある。

図 6-3　ストロッツィ邸館*

ほかにも著名な邸館がある。一四五六―一四五八年、メディチ邸館完成前後、富裕な布商人ルカ・ピッティが邸館を建て始める。ブルネレスキの設計を元に、ルカ・ファンチェッリが建築を指揮した。ピッティ邸館(口絵参照)は、後世に増築された部分をのぞくと直方体、幅五四メートル、高さ三六メートルの巨大三階建て邸館でメディチ邸館よりずっと大きいが、デザインは模倣している。

もうひとつ、ルチェッライ邸館のほど近くにあり、それより二回り大きいストロッツィ邸館は、ナポリで財を成した銀行業者フィリッポ・ストロッツィの依頼でベネデット・ダ・マイアーノが設計、一四八九年に工事が始まり一五〇四年ほぼ完成した。やはり三階建てのルネサンス様式で、モジュールとプロポーション構造はメディチ邸館に倣っている。だが浮出し飾りのある切石積が一階から三階まですべてにおよんでおり、いささか要塞のような古めかしい感じを出している点が独特である。またプラン(平面図)の縦軸・横軸双方向の厳密なシンメトリーが規則性を際立てている。その中心線上には――三方向のファサードに――円筒ヴォールト(かまぼこ状の天井)を冠した入口がある。

邸館タイプとりわけその大規模なものは、支配階級としての家門の威信を標榜し、あちこちに飾られた紋章がそれを物語っている。だが同時に、自分たち家族はポポロ(平民)の代表だとも主張して、封建領主の塔のついた傲然たる要塞風建築とははっきり区別されるよう、つねに意が用いられた。また街路に開かれていることも重要で、高度に完成された幾何学的形態と装飾によって、都市全体の美化計画とも合致していた。

また、これらの邸館に付された「ロッジャ」(開廊)は、公共空間への開放性と、家族の名誉と都市の名誉との連携を物語っている。もともとロッジャは中世から公共広場に面して造られることが多く、それはいわば「会所」として、公式行事、会議、衛兵詰め所、有力家門の儀礼・パーティーなどに用立てられた。フィレンツェを代表するのは、シニョリーア広場にあり一三七六―一三八二年に造られたロッジャ・デイ・ランツィである。

図 6-4　ロッジャ・デイ・ランツィ*

こうしたアーケード風建造物のうち、より長く連続アーチのリズムが際立つものは、「ポルティコ」(列柱廊)と呼ばれる。街路沿いに連なる一種のアーケード街もそうだし、修道院中庭の回廊もそうだが、他方、建物のファサードに造られた玄関ポーチも「ポルティコ」と称されるので、「ロッジャ」との区別は曖昧である。

公共のロッジャはまもなくすたれてプライヴァシー重視になり、メディチ邸館——ここには当初、二つの通りの交差する建物の角に、外に開かれたロッジャがあったのだが——やストロッツィ邸館にあるような中庭のロッジャ(回廊風)に取って代わられる(一四六〇年代に、邸館の向かいに独立建築として造られたルチェッライ家のロッジャは例外)。ところが一五世紀末には、再び街路や広場に向いた開放的ロッジャが、邸館の最上階ないし屋上テラスに造られるようになった。ジュリアーノ・ダ・サンガッロ設計のゴンディ邸館、オルトラルノのグアダーニ邸館(もとデーイ邸館)の屋上テラス、さらにダヴァンツァーティ邸館(これは一六世紀の付加物)など、多くの例がある。

かくして一五世紀前半から後半にかけて、邸館の林立により都市の相貌がすっかり変わっていき、それは一三世紀末のアルノルフォ・ディ・カンビオ時代につぐ大変化であった。まさにルネサンス建築の最重要局面にさしかかったのである。

ヴィラでの生活と美しい庭

市内に有力市民が作った邸館と並んでルネサンス的建築の粋というべきは、都市郊外の農村に一五世紀から一六世紀にかけて盛んに造られたヴィラとその庭園である。

もともと農村領主としての貴族が従属農民の監視と田舎での気分一新を目的に建てた領主館(中世前半には corte, curtis と呼ばれていたが、中世後半以降は palagio として史料に現れる)が、コンタード(周辺農村領域)には点綴していた。しかも領主館の数は一三世紀以降、時代が下るにつれてどんどん増えていった。というのも富裕な商人や医師・法曹関係者など市内の中上層民が、農村の土地を安定性を持つ堅実な投資先と考えるようになったからである。

領主館は、領主の別荘兼作物置き場であり、ときには小作人家族の住む部屋も併設された。これはとりわけフィレンツェが支配する領域の南部に多かった。この領主館が立派になったものを、「ヴィラ」と呼ぼう。早くも一四世紀前半には、年代記作者ジョヴァンニ・ヴィッラーニが、コンタードに土地を購入して競うようにヴィラを建てる市民たちのさまを、次のように描いている——

平民や都市貴族で、コンタードに土地を所有して市内よりもはるかに立派な建物を、すでに建てていなかったり、これから建てようとしない者はいない。皆が過ちを犯し、狂ったように法外な出費をしている。かくも壮麗な建物はまさに一見の価値があり、フィレンツェに慣れていない外国人はたいてい、これら市外三マイルあたりのところに立ち並ぶ豪華な建物と美麗な宮殿を外から見て、どれもローマ風の町にふさわしいと思うのだ……。

（『年代記』第一二巻九四章）

以後一五世紀末にかけて、ヴィラ建設はフィレンツェの上層市民の間にすっかり定着し、日々の仕事からの息抜きと、所有地で栽培・生産されているオリーブ油、小麦、ワインなどの視察のために定期的に通った。とりわけクリスマスと復活祭、また暑い夏には、一時的移民が陸続とヴィラを目指したのである。

では、ヴィラは建築様式の面ではどのような特徴があったのだろうか。もともとの領主館は、領地を守るという防備・避難の必要から要塞じみていたが、一四世紀から新設されたのは、中央に小さな塔を備えた邸宅であった。つまり塔があったとしてもごく小さな存在感しかなく、躯体は大きく水平に広がり、後期の例では中央の中庭にポルティコを造った。

よりルネサンスにふさわしいものは、メディチ家のいくつかのヴィラにその典型を見出せる。メディチ家の人々はヴィラ好きで、頻繁に郊外のヴィラへと保養に出かけた。老コジモの孫のロレンツォ・イル・マニフィコとジュリアーノの兄弟は、ヴィラでの狩りに夢中になっていた、との記録がある。もっとも古いメディチ家のヴィラは、カファッジョーロのヴィラとトレッビオのヴィラ（両方ともフィレンツェ北方約二〇キロ）で、ともに老コジモ時代に造られた。コジモはこれらの建設工事をミケロッツォに依頼した。ミケロッツォは塔や狭間、巡邏道などの軍事的要素を残したまま仕上げたが、そこに扉口、ロッジャ、ポルティコ（柱廊式玄関）、紋章、時計などを付け加えて、古めかしい要素をカモフラージュした。

ロレンツォは、フィレンツェでの生活以上にヴィラでの高踏なる生活を好んだ。市内の建物はあまり新設しなかった彼だが、ヴィラ建設には情熱を燃やした。彼は一四七四年ジョヴァンニ・ルチェッライからポッジョ・ア・カイアーノのヴィラ（フィレンツェ西方約二〇キロ）を購入し、ジュリアーノ・ダ・サンガッロに改築を依頼した。完成したのはロレンツォの死後、一五二〇年頃であった。

図 6-5　ポッジョ・ア・カイアーノのヴィラ（ジュスト・ウテンス作，フィレンツェ歴史地形博物館）

もともとの四辺形の強壮な建物に、官能をそそるような半円形の階段と二階部分のポルティコを加え、ギリシャ神殿風のティンパヌムで縁取りした。中庭は外部に開かれた広い中央広間に作り替えられた。ヴィラは全体としても、たっぷり広い窓や基部のロッジャを備えて周囲の景観に向けて開放されていた。統一的な設計、また周囲の自然との一体感が見て取れる。要塞じみた領主館タイプから完全に解放されたこのヴィラの影響力は、きわめて大きかった。

メディチ家のヴィラにかぎらず、一五世紀末には古代風の建築要素を建物の高貴化のためにヴィラに多用することが流行した。つまり、円柱・半円柱・付け柱・半円アーチ・大階段・欄干などがそうした要素であり、大きなガラス窓から燦々と日の光が差し込む明るさも、新しいヴィラの特徴である。すばらしい自然に対して広く開かれ、否、溶け込んでマッチしている。その自然と静穏な関係を結ぶ人間の精神は悦びに満たされ、リフレッシュする。古代ギリシャ・ローマ文化の再発見の顕然たる影響が、ここにある。

ただし注意しなくてはならないのは、ヴィラと結びついた「自然」はけっして野生のままの自然ではなくて、徹底的に「人工」の手が加わっているということである。草木は幾何学模様に剪定され、水の流れも計算されている。またこの自然は、とりわけロレンツォ周辺においては人文主義の伝統のもとにあり、人文主義者たちは、ムーサたちが見そなわし、ニュンフやサテュロスが飛び跳ねる神話的時間の流れる庭で、ヘルメス主義や新プラトン主義などの異教とキリスト教の霊感が統合した、熱い議論を交わすのを好んだのだ。

人文主義とフィレンツェ大学

人文主義者たちはメディチ家に保護されて活動したが、ロレンツォ・イル・マニフィコ自身、人文主義者とともに自由な時間を過ごした。一五世紀後半メディチ家のヴィラでは、まさに新プラトン主義に彩られた哲学的な人文主義が展開したのである。

しかしそれ以前に、フィレンツェでは別種の人文主義が栄えたことを忘れてはならない。すなわち、一四世紀末から一五世紀前半にかけてフィレンツェに展開した人文主義を、「市民的人文主義」Civic Humanism と呼んだのは、ナチ下のドイツからアメリカに亡命した学者ハンス・バロンであった。遡れば一一世紀以来の、皇帝の支配に抗するゲルフ主義の伝統があるが、一四世紀後半からは教皇グレゴリウス一一世との八聖人戦争(一三七五―一三七八)とミラノ公ジャンガレアッツォ・ヴィスコンティとの戦争(一三九〇―一四〇二)の過程で、市民の間に愛国心が高揚し、その雰囲気の中で、人文主義の主要イデオロギーが練り上げられていった経緯を踏まえての命名である。この時期の政治的危機が人文主義の性格を一変させ、共和国に生きる市民の務めを提起する論調になったというのである。

そして先頭に立って、フィレンツェの自由と市民たちの法の前の平等を内外に鼓吹する闘士となったのが、書記官長に就任した人文主義者たちであり、コルッチョ・サルターティ、レオナルド・ブルーニ、カルロ・マルスッピーニ、ポッジョ・ブラッチョリーニ、ベネデット・アッコルティとつづく。彼らは最高の古典的教養を修得した人文主義者で、書簡や演説では共和政ローマとその自由・正義・公共善の理想を継承し、自分たちのためのみならずイタリア全土のために暴君と戦う「共和政フィレンツェ」を内外に誇示した。

一四世紀末から一五世紀前半にかけて、古典文化への敬意と素養は、彼ら人文主義者だけでなく一般市民の間にも広まっていった。そして人文主義はフィレンツェにおける教育的・文化的な主要運動となり、古い伝統と争った。このような展開が起きたのは、政治のあり方や市民生活と古典古代の理想とを結びつける、市民的人文主義が重きをなしたからこそだろう。ミラノとの死闘に喚起されたという人文主義者の共和制的自由の擁護と市民参加の倫理を、アルテ・ベースの共和制からメディチ派主導の都市貴族による寡頭制的共和制への変化、および領域国家形成の帝国主義的野心を糊塗するイデオロギーであり、新鮮味のないレトリックに過ぎない、とバロン説を否認する研究動向もある。しかしイデオロギーやレトリックにも現実的効果があると考えるべきだろう。

幾人もの名家の子息——たとえばパッラ・ストロッツィ、アニョロ・パンドルフィーニ、アンジェロ・コルビネッリとアントニオ・コルビネッリの兄弟、あるいはメディチ家の当主たち——は、自ら古典研究の専門家にならないまでも、若い頃、家庭教師に就いたり古典文学に特化した学校に通ってラテン語やラテン文学を学んだ。古典の勉強は一五世紀のうちに流行を極め、貴族の師弟らはキケロ、リウィウス、ウェルギリウスを読み、古代人を気取ったラテン語での書簡のやりとりをした。フィレンツェのエリートたちは、ラテン語のエレガントなスタイルと道徳の教えに惹かれただけでなく、その教養が教会や世俗での仕事にも役立つと考えていたのである。

フィレンツェでは、初等教育以上の教育は、家庭教師に来てもらうか、さもなくば、人文主義者らの私塾や托鉢修道会の学校で受けられた。一四世紀末から一五世紀前葉には、サント・スピリト修道院学校が活気に溢れ、哲学論議が談論風発した。では大学はどうだったのだろうか。

人文主義者が書記官長を歴任したこの町では、大学での人文学教育が他の都市以上に重視された。ところがじつは、フィレンツェ大学が教皇の認可を得て正式に成立したのは一三四九年とかなり遅かった。しかもトスカーナ地方での中心的な大学はピサ大学で、フィレンツェ大学は必要な知識や技能を求める都市貴族たちの広範な支持を得られず、経済状況の悪化もあって何度も閉鎖の危機に晒された。それでも独自の個性を持つ大学として脚光を浴びた点は、見逃してはなるまい。

すなわち、当大学にはボッカッチョのイニシャチブでイタリア最初のギリシャ語講座が出来、一三九七年にコンスタンティノープルからマヌエル・クリュソロラスがやって来て講義をし、ギリシャ文化を伝えた。またローマ法や天文学・占星術の有名教授も所属していた。学部としては、神学、教会法と世俗法、医学と自由学の三学部があったが、一四七二年に制度的にピサ大学とフィレンツェ大学が統合された後は、自由学にとりわけ力が入れられるようになった。著名な人文主義者がこぞって大学で教鞭を執って、アカデミーや私塾ともども人文主義発展を支えた点が特異であった。多くの都市貴族の子弟らは、ここでの自由学・人文学研究に大いに惹きつけられた。

「市民生活」を主題にした政治論や道徳論が、人文主義者たち——サルターティやブルーノをはじめとする書記官長以外に、レオン・バッティスタ・アルベルティ、マッテオ・パルミエーリ、クリストーフォロ・ランディーノ——によって多数ものされたのも、こうした裾野があったからだろう。人文主義者らは古代文献の調査・発見やその言語文献学的研究にも熱心だったが、そうした中、ポッジョ・ブラッチョリーニが教皇の随員として一四一四—一四一八年のコンスタンツ公会議に同行した際、古代ローマの哲学者ルクレティウスの『物の本質について』の写本を発見しエピクロスの原子論的自然学を紹介したことは、その後の思想界に知らず知らずのうちに絶大な影響を及ぼした。

フィレンツェでは、芸術家や文人の仕事ぶりは、目の肥えた公衆によっていつもチェックされており、それが間接的にせよ彼らの作り上げる芸術作品・文学作品のクオリティーを決定していった。こうしたいきさつは、市民的人文主義の波及と無関係ではあるまい。

愛書家の誕生と公共図書館成立

こうして、しっかりした人文学の教育を受けられる環境が整ったフィレンツェでは、普通の商人・職人の識字率も上昇し、読書への欲求が高まったのは自然のなりゆきだろう。中世前半期には、読み書きができるのはほぼ修道士や聖職者にかぎられており、彼らのための写本は、修道院の写字室で丁寧に書き写されていった。当然、流通もかぎられており、一般人の目に触れることはほとんどなかった。だがヨーロッパの主要都市に大学が出来、また市民たちの知的関心が高まった一三―一四世紀になると、書物への需要が増えていき、修道院以外での「商品」としての書物生産も始まった。

フィレンツェにおいて、随一の書物・写本商人はヴェスパジアーノ・ダ・ビスティッチ（一四二一―一四九八）であった。彼は筆写された本を印刷本――フィレンツェでは一四七〇年代に印刷業が始まった――よりも美しく価値があると信じていた。そして多くの写字生を雇って、集団分業体制でできるだけ速く沢山の書物を作成して顧客の要望に応えようとした。いわばオンデマンド出版である。またこれと関連して指摘しておきたいのは、人文主義者や写字生たち――ポッジョ・ブラッチョリーニ、ニッコロ・ニッコリ、バルトロメオ・サンヴィート――は、従来の醜いゴシック体の書体を嫌い、美しく小さな読みやすい新たな書体、たとえばカロリング小文字体を改訂したヒューマニスト体などをつぎつぎ考案していった、ということである。

後期中世以前には、書物は俗語で書かれることはほとんどなかった。それは古典語つまりラテン語、ギリシャ語、ヘブライ語などにかぎられた。しかし一三世紀から一四世紀にかけて商人・職人たちの社会的比重が大きくなり、彼らの知的関心も高まると、俗語つまりイタリア語は書物の言語ともなり、俗語の書物の地位が向上して、広範な「読者層」を有するようになった。ダンテ、ペトラルカ、ボッカッチョの三巨星を思い浮かべれば十分であろう。

図 6-6　サン・マルコ修道院図書館*

こうして登場した新たな読者層の多くは、もともとラテン語を習得してその書物に親しんできた聖職者や裁判官・公証人ではなく、イタリア語のみしか知らない商人や職人、芸術家などであった。彼らが好んで読んだイタリア語の書物は、ミサ典書・聖務日課書・聖人伝などの信心書、宮廷風ロマンスや詩、教訓逸話、ノヴェッラ(後述)、年代記、ラテン語作品の翻訳、さらにはアバクス(算盤)などの技術関連書などだった。
とはいっても、まだ大量生産できない高価な写本＝書物を沢山購入することは、一般市民にはできない相談であった。そこでフィレンツェでは、一四四四年、老コジモがサン・マルコ修道院の中に一種の公共図書館を創り、多くの写本を寄贈した。その中には、コジモの庇護を受けていた愛書家の人文主義者ニッコロ・ニッコリが蒐集した八〇〇冊以上の写本が集められた。その後も学者たちの寄贈によって書庫は充実していった。外部に開かれた、学者・芸術家・文学者あるいは書物愛好者たちの公的施設としての図書館の誕生は、画期的であった。当図書館の書物はラテン語、ギリシャ語が大半であったため、誰にでも利用できるわけではなかったにせよ、建築的にもシステム的にもその後つぎつぎ建設されていく公共図書館のモデルになった点で重要である。なお、俗語の書物は個人間の貸し借りと筆写が頻繁に行われたようである。

〈読み書きの共同体〉フィレンツェ

では俗人たちは、いつどこで「読み書き」を学んだのだろうか。子供がごく幼いうちは、家庭で父親などが、その子が好きな果物やお菓子でアルファベットの形を作って、字を教えた。

子供は七歳くらいになるとまず俗語(イタリア語)の読み書きを習い始める。フィレンツェでは当初学校はまったく私的なもので、普通、先生(教養ある俗人あるいは聖職者)の家が学校代わりで、読み書き算盤の初歩が教授された。後期中世になると、コムーネが読み書きの学校を経営して公共教育が行われるようになった。フィレンツェに大学が出来ると、その教師がいわば出張講義して、市内各地区の子供を教えるやり方も登場した。読み書きを習う子供のうち大学に進もうとする者は、途中からラテン語を習得した。商人を目指す子は、算盤を習うのが普通だったが、一〇―一五歳の間の二年間、語学・文学の勉強を中断して、集中的に算盤塾に行く、というのがフィレンツェの学習慣行になっていた。

商人・職人家庭の場合、学校をつづける代わりに、一二歳前後になると親類や知人の店に息子を徒弟奉公させて、三―五年間、実地に商売や銀行業務その他を学ばせることも多かった。そもそも商人たちの商館や職人の工房自体が一種の学校、あるいは学校のつづきだったと看做すことができよう。徒弟となって修行する子供たちは、親方や先輩職人から技術的なことのみならず、読み書きや計算も教わったのだから。

たとえば遠隔地交易をする商人のケースでは、一〇代前半にはフィレンツェ内で徒弟修行してさまざまな技術を学び、一〇代後半で支店のあるロンドン、ブリュージュ、パリ、バルセロナ、ナポリ、バルレッタ、ファマグスタ(キプロス島)などに送られる。そうした過程でラテン語をかじり、現地の言葉や慣習も学ぶし、後には商品・価格・関税・交換率・度量衡・交易路・市場・金庫の扱い方や帳簿のつけ方などについても、しっかり頭に入れなければならなかった。バルディ商会に勤めた商人フランチェスコ・バルドゥッチ・ペゴロッティが一三三〇―四〇年代に編んだ『商業指南』のように、こうした商人に必要な知識をまとめたマニュアルも現れた。

なお大学には、一八歳以上くらいの学位が必要な法律家・公証人・医師志願の若者のほか、人文学の素養を積もうとする貴族の子弟らが入学した。

ジョヴァンニ・ヴィッラーニの『年代記』の一三三八年の記述によると、フィレンツェでは、初等教育のうち読み書きを八〇〇〇―一万人の少年・少女が学んでおり、また算術・代数学は六つの学校で一〇〇〇―一二〇〇人ほどの少年が、さらに文法(ラテン語)と論理学(哲学)については四つの学校で五五〇―六〇〇人ほどが学んでいるということだ。一四世紀前半は人口が九万人ほどなので、多すぎる数字ともいわれるが、フィレンツェでとりわけ子供への教育熱が高かったことだけは確かだろう。時代が下って一四八〇年には、六歳から一四歳までの男子のうち三〇―三十数%が学校に通っていたと想定される。

図 6-7　ペゴロッティ『商業指南』より

高い教養と読み書き能力が普通の市民にもあったことが、何千という商人の書簡や一四―一七世紀に約二〇〇〇冊も残る「覚書」ricordi/ricordanze から明らかである。「覚書」

と呼ばれるジャンルは、家計簿と日記に、息子たちへの訓戒をところどころ差し挟んだような書物で、公にすることを目的とせず、現在そして将来の家族のための内密な書き物であった。とりわけ一四世紀初頭から一五世紀の三〇年代まで、集中的に書き継がれた。

クリスチャン・ベックというフランスの学者は、『フィレンツェの物書き商人——一三七五〜一四三四年』という書物で、まさにこの「覚書」ジャンルと、商人が編んだ年代記に着目して、商人文化と人文主義が相互に支え合って栄えていったさまを論証している。商人たちは厳しい仕事環境の中で、偶然や予見不可能性に「運命」の力を痛感し、「理性」をもって計算・正義・論理を貫き、「慎慮」で状況に絶えず適応することで、物事の流れを変え幸せを摑む努力をするが、こうした商人らの直観や感性を人文主義者たちは思想として発展させていったのではないか、というのである。

ルネサンス期のフィレンツェ人たちは、しばしば自ら、他の都市の市民よりずっと鋭敏で、「才覚」ingegnoがあると自慢している。その才覚はけっして凡俗に満足せず、良きもの美しきものをつねに求めるのだという。有名なところでは、サヴォナローラ、ミケランジェロ、ヴァザーリらがそのように語っている。これは、幼いうちから読み書き算盤を学び、また長じて後は公的な問題に自分も市民としてつねに関わっているという意識を持って、対話を交わし、お互い切磋琢磨してきた成果だろう。こうして、ルネサンスの天才たちを生み出す風土が出来ていったのではなかろうか。

ボッカッチョとサッケッティ

言葉(イタリア語)の表現可能性と、人間関係を創り変えていく力。その二つを信じて認《したた》められた「ノヴェッラ」というジャンルが、一四世紀イタリアに誕生した。機知に溢れた言葉、気の利いた言葉、裏表のある言葉で、他人をやり込め、騙し、からかい、窮地を逃れる……という滑稽味のある逸話の集成で、フィレンツェ周辺で優れた作者を生みだした。

最初期のものは『ノヴェッリーノ』と称される作者不詳の作品である。一三世紀末に編まれた合計一〇〇篇の小話で、聖書、ギリシャ・ローマの古典作品、古今東西の伝説や騎士道ロマンス、同時代の出来事などを典拠にしている。さまざまな運不運や悪巧み、美徳や人間の感情を活写しており、また多く庶民を主人公にしているのは、新時代を切り開きつつあるコムーネの文学にふさわしい。

ノヴェッラのうちもっとも有名なのが、ジョヴァンニ・ボッカッチョ(一三一三—一三七五)の『デカメロン』(一三四九/五一)であることは論を俟《ま》たない。ペストの惨禍を逃れるために、若い男女一〇名(七人の女性と三人の男性)がフィレンツェの町中を逃れて、緑なす美しいコンタードの丘の庭園付き別荘で、気散じに一〇日間(金・土を除く二週間)一人一〇の話をする……という設定で、計一〇〇の物語からなる。初日の序話は、各話の前後および全体の結論とともに、舞台設定の「枠物語」をなしている。毎日王か女王が選ばれて彼・彼女によってテーマが決められるが、幸せな愛、不幸な愛、女の悪ふざけ、欺瞞・策略、鷹揚・大度などが主題に選ばれている。

物語には、市民たちを中心にしながらも、騎士や聖職者などありとあらゆる身分・職業・生い立ちの老若男女が登場してきて、それぞれが現実に直面して困惑し、悩み、解決策を模索する。そして登場人物各人の境遇における価値ある人間性が際立つよう、ユーモラスに語られていく。感情・資質はじつに多様で一見混乱しているが、それらすべての多様性は、世界と社会の有機的なヴィジョンの枠にしっかり嵌め込まれている。いわばファンタジーによってもうひとつの世界、秩序ある世界を創る試みがここにある。このヴィジョンの背後にあるのは、神の秩序というよりコムーネの秩序ではあるまいか。その自由なコムーネこそが、幅広い人間界の無限に多様な能力、活動、体験、人間性の発現を可能にするというわけであろう。

フィレンツェの両替商組合に所属した富裕市民でプリオーレ就任など政治にも携わったフランコ・サッケッティ(一三三〇頃―一四〇〇)が一四世紀末にまとめた『三百小話』は、『デカメロン』と異なり、枠物語などの形式に囚われない愛想の良いおしゃべりのようで、不安定で不幸に満ちた人生のせめてもの励み・楽しみとして、愉快な話を単純な文体で届けてくれている。

舞台は、フィレンツェの街路や広場、家・宿屋や居酒屋、新開地やコンタードで、あらゆる階層の人が姿を見せる。本書に溢れる機知や悪戯には、市民たちの日常感覚が表れている。また面白おかしいエピソードの末尾では、欠かさず教訓を垂れている。

たとえば第一四七話。アントニオという大金持ちだが卑しくけちんぼの男がいた。田舎で三〇個ばかりの卵を得てフィレンツェに帰るとき、関税を取られたくないがため自分のズボン下の中に卵を隠して通ろうとした。しかし彼の下男が税関吏に告げ口して、税関吏に無理矢理腰掛けに坐らされる。当然卵は割れて靴のところまでどろどろ流れ出してばれてしまう。税関吏には口止めに酒手としてグロッソ銀貨一枚を渡した。しかし帰宅後呆れた妻が予見したとおり、すぐに噂はフィレンツェじゅうに広がり、いつまでもアントニオを恥じ入らせた……。

こうした庶民の文学は、文字通りの庶民だけでなく、貴族たちにも享受された。とりわけロレンツォ・イル・マニフィコの宮廷では、一五世紀第4四半期に民衆文学への強い興味が生まれ、洗練されたエリートたちが、わざと「田舎振り」を装った。そして彼らは、農民のリスペット(六ないし八行の俗謡恋歌)や若者のリスペットを作って喜んだ。ロレンツォも、自身の体験を恋愛抒情詩に書いたのみか、農民のところにも行って習俗や言葉を採集し、民衆的想像力溢れる「謝肉祭の歌」や詩人ブルキエッロ風のソネット、田園詩や聖史劇などを生み出した。

ロレンツォの宮廷には、こうした文学を作るディレッタント作家たちが頻繁に出入りしていた。道化じみた芸で受けを狙う者もいた。とりわけデブっちょのマッテオ・フランコは愉快な奇人で、田舎の主任司祭やドゥオーモの聖堂参事会員を務めたりもしていたが、罵詈雑言のソネットで名を成した。またプルチ三兄弟――うち巨人モルガンテを主人公とする奇想天外な騎士道物語『モルガンテ』(一四八三)を書いたルイジ・プルチ(一四三二―一四八四)がもっとも有名――は貴族家系出身の商人だが詩人でもあり、優雅な精神をロレンツォに愛された。

メディチ家をはじめとする当時の有力家門は、共和制の理想に適う「普通の市民」を気取って、中下層の者たちからもそう見られたがり、実際に庶民とも友好関係を結んだ。そこに農民的な言い回し、土地のアクセントや田舎っぽい才気を好むような風土が出来たのである。

第二―五章で検討してきたように、「キリスト教」とその文化や、「家族」をキーワードとする社会的結合関係に着目すれば、中世とルネサンス期の間には、ほとんど文化・社会の「断絶」はなく「連続」が際立っている。本章で見てきた異教と世俗(市民)文化のルネサンスは、たしかに一五世紀フィレンツェに唐突に出現したように見えるが、おそらく一四世紀までの歴史の積み重ねが臨界点に来て、フェーズが変わったということなのであり、その背景には、共和政体のもと、貴族と一般市民がおなじ「平民」(ポポロ)に位置づけられ、農民らの民俗文化さえ積極的に受容しようとする、寛容で太っ腹なコムーネが成熟してきた、という事情があるのだろう。

第7章

広場と街路

捨て子養育院のロッジャ*

ルネサンス文化は野外でも展開した。それは儀礼やそれにともなう音楽、そして遊興という形を取った。いわば無形文化財である。その特権的舞台は広場であり、また街路であった。

大小の広場とその多機能性

ベネデット・デーイはその『年代記』(一四七三)で、フィレンツェの広場について次のように語っている――「美しきフィレンツェには市内に五〇の広場がある。それらすべての広場には教会があり、また政権担当者の邸館・家が取り囲んでいる。そして商人その他の必要な店舗がある……。注目してほしいのは、これらの広場で、フィレンツェ市民は娯楽にふけり、騎馬槍試合、ダンス、武勲試合、演劇、カンテーヌ競技、跳躍、剣戟、石・ボール投げや重量挙げをし、球、足や顔、屋根、(羊の)踝骨、小球を使い、トリオンフィ(馬車での仮装行列、小型ミュージカル)やザーラ(サイコロ賭博)やバックギャモンに興じ、その他、鈴や剣、鉛のおもちゃ貨幣、独楽、クルミやハシバミの実など、あらゆるモノを使って遊んだ、ということである。それは、きわめて偉大なる民が、我らが古代ローマ人と同様な時間の過ごし方をしなければならないからである。いとも栄えある力強いフィレンツェ市民は、古代ローマ人に由来するのだから。一四七二年の今日、都市が建設され基礎が据えられてから、いまだかつてない最良の状態である」。

こうしてデーイは、遊びと娯楽のスペースとしての広場をクローズアップしているが、もちろん広場には、それぞれ固有の役割もあった。

政治的にもっとも重要なのは、ヴェッキョ宮殿の北と東にL字形に広がる美しい「シニョリーア広場」である。ヴェッキョ宮殿に政庁があることから、当然、この広場は権力儀礼の舞台となった。そこでは二カ月ごとのプリオーレ就任式の市民集会(パルラメント)、公開処刑、市民軍大演習などが行われるが、騒擾が勃発したときには、諸アルテ(同職組合)の武装メンバーが集合した。こうしたことから、当広場は厳かな雰囲気に満たされている。だが矩形に大きく広がっているため祝祭や遊びの舞台にもなり、騎馬行列・騎馬槍試合などが頻繁に開催された。

ところでアメリカの作家メアリ・マッカーシーが『フィレンツェの石』で指摘しているのだが、フィレンツェを男性的な町と捉えた場合、その象徴的トポスがシニョリーア広場である。この角張った広場を重々しい要塞のようなヴェッキョ宮殿が睥睨《へいげい》し、その正面入り口両脇には左手にミケランジェロの「ダヴィデ像」(一五〇四、オリジナルはアカデミア美術館蔵)が、右手には英雄ヘラクレスが怪物カクスをこん棒で打ち据えるバンディネッリの「ヘラクレスとカクス

図 7-1　ミケランジェロ「ダヴィデ像」(シニョリーア広場)*

図 7-2　ジャンボローニャ「コジモ1世騎馬像」(シニョリーア広場)*

図 7-3　ドナテッロ「ユディトとホロフェルネス」(シニョリーア広場)*

像」(一五三四)が立っている。さらにメディチ大公時代にはバルトロメオ・アンマナーティ作「ネプチューンの噴水」(一五七五)が建設され、いかめしい海神は「白の巨人」として知られている。ジャンボローニャによるコジモ一世の騎馬像(一五九四)もある。もともと会議・式典の場として造られたロッジャ・デイ・ランツィに収められた彫刻群も併せて、この広場では神々や雄々しい古代の英雄が激情に身を震わせながら、筋骨隆々、見事な裸体を晒しているのである。

ここでは女たち——たとえばドナテッロの「ユディトとホロフェルネス」(一四五〇年代末、オリジナルはヴェッキョ宮殿の「百合の間」にある）――さえ男勝りである。デイヴィッド・ロレンスが一九二二年に書いた小説『アロンの杖』では、主人公がシニョリーア広場に来て、世界の完璧なる中心地に到達したと感じながら、「男ばかり！　男だけだ！　とにもかくにも男の町だ。ひとつの雄々しき資質、不滅で辛辣な大胆さがある」と言い放っている。

おそらく古代都市を引き継いだところからこの男性性は由来し、感情よりも知性を、謙譲よりも傲岸を、柔和よりも厳正を、フィレンツェ市民に教え込んだのだろう。

次に宗教的性格の濃厚な広場を取り上げよう。「ドゥオーモ広場」は「サン・ジョヴァンニ広場」と接合していて、双方でひとつの広場と看做せる。厳密にいえば、前者は教会の入口前と両脇・背後のみで、残りは後者の領域である。ここはキリスト教の中枢、慈愛の空間として後期中世からルネサンスにかけて機能してきた。というのも、ドゥオーモおよび洗礼堂以外に（大）司教館、聖堂参事会の宮殿、ミゼリコルディア大兄弟会とビガッロ兄弟会の本部などがあったからである。一四世紀末以来、復活祭時に巨大な山車上で花火を爆発させてキリスト復活を祝う「スコッピオ・デル・カッロ」の舞台となって来たことでも知られている。

おなじく宗教的空間として重要なのは、教会前広場、とくに二大托鉢修道会の修道院がある「サンタ・マリア・ノヴェッラ広場」と「サンタ・クローチェ広場」である。これらの広場は大きな空間であることから、説教や行列、宗教劇、キリスト教や騎士道の式典舞台になったのはもちろんである。さらに両広場は全市を巻き込んだ「遊び」の用途でもしばしば用いられた。とりわけサンタ・クローチェ広場は、ルネサンス時代、まさに騎馬槍試合の特権的な会場であった。ここでロレンツォ・イル・マニフィコの弟ジュリアーノ・デ・メディチのための騎馬槍試合が行われ、彼が優勝して、心を奪われていた絶世の美女シモネッタ・ヴェスプッチが「騎馬槍試合の女王」と宣言された。また近世以降になると、後述する古式サッカー「カルチョ・ストリコ」の場として知られることになる。

図 7-4 サンタ・クローチェ広場での騎馬槍試合(16 世紀のフレスコ画, ヴェッキョ宮殿) Getty Images

第三に取り上げたいのは、「サンティッシマ・アンヌンツィアータ広場」である。ここでは、聖母マリア誕生の日(九月八日)に「丘陵地の市」が開かれ、農婦がピストイアとフィレンツェ東方のカゼンティーノの丘の地域からやって来てマリアに悲しげな聖歌を捧げるとともに、紡ぎ糸や乾燥キノコ、チーズ、他の作物などを売る。その歌と商売が終わると、後はさまざまな楽しいアトラクションの出番だった。手品師が技を見せ、偽医者や行商人がインチキ薬や火事除けや溺死除けのお守りや他の掘り出し物を、大声張り上げて売った。この年中行事は、「リフィコローナ祭り」として今日までつづき、子供たちの紙提灯行列と農村の特産品販売が行われている。

またここは、現在、古典的なポルティコがぐるりと囲む広場、おそらくもっともルネサンスを肌に感じられる都市空間になっている。当広場の一面には、ブルネレスキ設計のインノチェンティ捨て子養育院があり、そのロッジャ(ポルティコ)には、ほっそりしたコリント式円柱に支えられた半円アーチが軽快に連なり、古典美を誇らしげに見せている。その後、一四七八年にロレンツォ・イル・マニフィコとジュリアーノがこの広場をより美しくしようと考えて、広場の西端の土地を購入し、向かいの捨て子養育院と調和した、一種の連続住宅を建てる計画だったが、その時の実現はならなかった。

図 7-5　サンティッシマ・アンヌンツィアータ教会*

だが一五一六―一五二五年にアントニオ・ダ・サンガッロ(イル・ヴェッキョ)とバッチョ・ダニョロが設計した聖母マリア下僕会の兄弟会のロッジャが同所に建てられ、向かい合う捨て子養育院のロッジャと古典的調和の響きを奏でるようになった。これはロレンツォの息子の教皇レオ一〇世が多額の出資をし、父のプランを実現したもので、これにより広場は秩序ある調和した「ローマ風フォールム」となって、教皇自らの霊的かつ世俗的な普遍的至上権をフィレンツェから世界に発信できたのである。さらに一七世紀初頭には、ジョヴァンニ・カッチーニがサンティッシマ・アンヌンツィアータ教会のポルティコをコリント式円柱に支えられた七つのアーチを持つペンデンティブ・ヴォールト構造で造り、かくて遅ればせの「ルネサンス的空間」が完成した。

ほかにも、フィレンツェに数多ある広場は、それに面して立つ館・施設とともに、政治、宗教、学問、音楽などさまざまな点で固有性を主張しながら、ルネサンス時代を経過していったのだろう。小教区・旗区にもそれぞれ教会と広場があって、それは所属住民たちにとっての、もっとも頻繁かつ濃密な社会的結合関係の舞台になった。

市場での活動

前項で触れなかった重要な広場がもうひとつある。「レプッブリカ広場」である。レプッブリカ広場は、ローマ時代にカピトリウム(ユピテル神殿)のあったフォールムの後裔で、中世以来、「メルカート・ヴェッキョ(旧市場)」として知られた。イタリア王国の首都がトリノからフィレンツェに移された一九世紀後半に全体を再整備し、区画整理のため周囲の多くの建物・街路が取り壊されて、四倍ほどの面積のヴィットリオ・エマヌエーレ二世広場となり、それが第二次世界大戦後にレプッブリカ広場と改称されたのである。

ルネサンス期の旧市場には雲母大理石製の円柱(サン・ジョヴァンニ洗礼堂から来た)があり、一四三一年にドナテッロ作の豊饒を象徴する大理石像がつけられた(今は複製)。それ以前にはローマ時代の異教の神への生け贄の円柱が建っていたとされ、ドナテッロの像にもずっと古代・異教の記憶が留められているとも看做せよう。ちなみにドナテッロの円柱には、二つの鐘とそこに繋がれる鉄の棒が備わっていて、そのひとつは市場の開閉時間を告知するが、もうひとつは、泥棒その他の悪人がうろついていることを知らせるときにジャンジャン鳴らした。この広場では市として物品が売買されるほか、囚人の晒し台もあった。

図 7-6　ストラダーノ「旧市場」(1555年，ヴェッキョ宮殿)

「旧市場」Mercato Vecchio という名の初出は、一〇七九年の史料である。もともと町のあちこちで市場は開かれていたが、一一世紀から後期中世にかけて旧市場地区が集中的に発展し、さまざまな商店と売り台が集まるようになったのである。一四世紀には中央部に仮設建物が造られ、その内部および周囲には、露店が相接して並んでいた。いつも新鮮な野菜や肉などが溢れて人が出盛り、フィレンツェ市民全体にとって豊饒の源泉ゆえ、「フィレンツェの庭」と呼ばれることもあった。

ここには夜明け前から荷車で農産物が運び込まれ、家畜・家禽も鳴き声を上げながら連れてこられた。早起きのフィレンツェ市民は、朝の祈り（賛歌）を告げる鐘の音が鳴り終わる前に、それぞれの地区のでなければ、ここ旧市場の各アルテゆかりの教会——広場の四つ角各々にあった——の内外に立ち、聖歌隊抜きの読誦ミサに参加し、各自の職場に急いだことだろう。かならず朝早くからやって来るのは、主婦たち、そして宿屋の女将であった。彼女らは市場の商店、売り台に並んで安い食料を求めた。とりわけ家禽商、青物商などの露店の周りは、賑やかなこときわまりなかった。旧市場はいつも活気ある音と声に満ち満ちていた。

旧市場では、食べ物以外に、紡ぎ糸や布地・織物、食器類なども売られた。ここには居酒屋もあって、商人やいろいろな組合・連合の寄り合いの場所として機能した。メディチ、サッセッティ、トルナクインチなどの大商人家門は、ここに商売の本部となる邸館を所有していた。さらに広場の周囲には、一三世紀のうちからアルテ本部も続々設置された。

一方、旧市場の南に出来た「新市場」Mercato Nuovo は、旧市場とちがい（生鮮）食料品を売ることができず、ただ生花の売買だけは許されていた。新市場は一一世紀半ば以前からあったと考えられている金融センターであり、周辺には多くの両替商が店を構え、金融業に携わる長老たち、精力旺盛なる仲買人や投資家、事務員などが集まった。ここにロッジャができたのは一六世紀になってからである。すなわちコジモ一世が、フィレンツェ市場がアムステルダムはじめヨーロッパの大都市のそれに劣ると感じ、劣勢を挽回する意気込みを示すべく、二人の建築家、ジョヴァンニ・バッティスタ・デル・タッソおよびブオンタレンティにロッジャ建設を依頼し、一五五一年に完成したのである。当初は高級絹織物がこのロッジャで販売された。

貴族たちの騎馬槍試合とダンス

近年の歴史学においては、儀礼や祝祭、そこにおける音や音楽の役割の研究が盛んになり、しばしば人類学など隣接する人文・社会科学の方法も援用されている。中世・ルネサンス期のフィレンツェにおける儀礼と楽師については、T・J・マクジーが『後期中世フィレンツェの式典音楽家たち』でまとまった探究をしている。

広場の役割の随一は「遊び」であると述べた年代記作者ベネデット・デーイの言葉を本章冒頭で引用したが、そのもっとも大規模な現れは、大きな祭りに際してであった。祭りには、敬虔なる信仰心が発露されるものと、世俗的・異教的な情念が発散されるものとがあった（じつは両者はあまり区別できないのだが）。後者としてフィレンツェで重要であったのは、四旬節直前に飲めや喰えやの騒ぎをする週間、すなわち謝肉祭（カーニヴァル）である。謝肉祭は本来移動祭日のはずだが、フィレンツェでは中世末に二月七日に固定された。

楽しい祝祭気分が盛り上がる二番目の機会は、カレンディマッジョ（五月祭）である。これは春の訪れを告げる祝祭で、フィレンツェでは四月三〇日に始まり、ほぼ五月全体にわたった。一年最後のめでたい祭りは、キリスト教世界共通のクリスマスだが、ヨーロッパ中世・ルネサンス期には、復活祭に比べ扱いは軽かった。フィレンツェでは、謝肉祭、カレンディマッジョ以外に、戦勝記念や教皇や各国の王侯の到来などを言祝ぐ式典でも、賑やかな出し物が披露された。

こうした世俗的な要素がリードする祝祭では、派手な仮装行列、騎士の一騎打ち、武勲試合、トリオンフィなどが行われた。仮装行列には音楽もつきもので、仮面の歌手によって謝肉祭歌謡が歌われた。その多くは特定のアルテ、商人、貴人、制度をからかったり皮肉ったりするものので、性的にきわどいものもあった。

有力家門は、トーナメント、武勲試合に家門の名誉を賭けていたので、ことに力が入った。出場騎士は豪華な衣服を着て松明を持ち、多数の小姓と楯持ちを従えて入場し、ある家門の一人がその武勲試合の「殿様」Signore となるべく、杖を授けられる。豪勢な宴会の後、その殿様や出場者の「恋人」の家の前で武勲試合をしてから、心臓をはじめとする愛の象徴を載せた山車と練り歩く。「謝肉の火曜日」は一騎打ちとトーナメントの盛んな日であり、ゲルフ党がスポンサーとなって、サンタ・クローチェ広場で行われるのが通常であった。

他にも荒っぽい遊びがいくつもあった。すなわち古い歴史を持つ石投げ戦、棒・素手での殴り合いなどで、死傷者がでることも稀でなかった。またダンスもよく行われた。私邸でもまた小教区の広場でも、さらにシニョリーア広場とかサンタ・トリニタ広場などより大規模な広場にも、踊りの輪が溢れていた。ときに公共広場を遮断してそこに天蓋・演壇・テーブルなどを備えつけてダンス大会が挙行された。数百人の男女が参加することもあり、またダンスコンテストもあった。

一四二一年の二月二日、日曜に、シニョリーア広場で行われたダンス大会について、ワイン商人のバルトロメオ・デル・コラッツァが『日記』を残している――

この日、市の若者組が華やかなダンス大会を催すべく、シニョリーア広場に大きな囲いを作り、優勝者男女に賞品を用意した。男子には、深紅の絹の花飾りが大きな棒の上に留め金で留められているものが、女子には金鍍金された銀の小冠形の花飾りもしくは首飾りが賞品であった。審査員として乙女の部に四名の女性が選ばれて高いところに着座し、同様に男の審査員も選ばれた。乙女の優勝者はフィリッポ・ディ・ジョヴァンニ・ダメリゴ・

デル・ベネの娘、青年の優勝者はベルナルド・ゲラルディの息子だった。ダンス大会を主宰した若者組は一四名で、リスの背中の皮で裏打ちされ二分の一ブラッチョ(約三〇センチメートル)以上外に折り返しがつけられている深紅の絹服をまとい、左の上腕には真珠製の大きなコオロギがつけられ、房飾りのついた白・赤・緑の大きなフードを被り、ズボンは白・赤・緑の三色に分割され、真珠で縫い取られていた。ダンス大会の主人役は、アニョロ・ディ・フィリッポ・ディ・セル・ジョヴァンニであった。彼は、メルカンツィア宮殿のところに、絨毯や垂れ幕で厳かに盛り上げられた壇に、輝くような深紅の衣服を着て座していた。集まった人々には、多くの種類の菓子類が飲物とともに振る舞われた。優勝者表彰の後、同広場で騎馬槍試合が行われたが、楯なしで長槍を用い、兜と甲冑を身にまとってであった……翌月曜には、皆で大きな馬に乗ってフィレンツェを進んだ。これほど美しく豊かなダンス大会は、かつてフィレンツェになかったといわれている。

祝祭、遊技の一環として、フィレンツェの人たちは、森の中で野獣や野鳥を追う普通の狩りとは別種の、市内の「狩り」Cacciaに夢中になった。これは動物同士の闘いなのだが、闘鶏とか闘犬・闘牛のようなおなじ動物を戦わせるのではなく、広場を高いフェンスで閉鎖してその中に動物(牡牛、牝牛、野生馬、狼、猪、野犬、キリン、そしてライオン)を入れ、種々組み合わせた闘いで派手なパフォーマンスに仕立て上げたのが特徴である。

現在、サンタ・クローチェ広場では、毎年六月二四日の洗礼者ヨハネの祝日に、古式サッカーが四分区対抗試合として行われている。この古式サッカーというのは、通例それぞれ二七名のチーム、一時間のタイムで、ゴール側に引かれたラインの奥にボールを送り込んで得点するというゲームで、ラグビーの要素も含んでいる。しかしボールは蹴っても手に持ってもよいが、手で投げるのは禁じられていたようだ。

これは一五世紀にはすでに行われており、サンタ・クローチェ広場にかぎらず、サント・スピリト広場やサンタ・マリア・ノヴェッラ広場など各地区の大広場、オンニサンティの草原(プラート)でも行われたらしい。当初は現在のような洗礼者ヨハネの祝日にとくに結びついていたわけではなく、むしろ冬のゲームで、謝肉祭における貴族の若者たちの気晴らしになっていたようだ。だから氷結したアルノ川の上でもしばしば行われた。一六世紀のメディチ大公時代になると、大公国とメディチ一族の祝祭演出の一部になっていった。

図 7-7　フィレンツェの逸名氏「ボール遊び」(16 世紀末, ジュンティーニ邸館)

聖ヨハネ祭と行列

謝肉祭やカレンディマッジョのような世俗性の際立つ祭りではなく、キリストやマリア、聖人たちを敬い祀る敬虔なる祭儀もあった（もちろんそうした祭りにも遊戯・娯楽要素はあるのだが）。フィレンツェで市全体を巻き込む大がかりな宗教行事の筆頭は、フィレンツェの守護聖人を祝う聖ヨハネ祭であった。ほかに四旬節、聖ザノービ祭（五月二四日）、キリスト昇天祭（復活祭後四〇日）、聖母マリア被昇天祭（八月一五日）、聖霊降臨祭（復活祭後の第七日曜日）、聖三位一体祭（聖霊降臨祭後最初の日曜日）、聖体祭（三位一体の主日にひきつづく木曜日）も重要だった。またメディチ家と密接な関係を持つ東方三博士兄弟会が主宰する「マギ祭」がクリスマス週間の最後、一月六日の公現祭の日に行われ、フィレンツェに繁栄をもたらしたメディチ家を称えるために騎馬行列や聖史劇が行われた。

洗礼者ヨハネの祝日、六月二四日は、一年でもっとも大規模な祝祭が市民総出で行われた。お祭りは、フィレンツェの力と輝きを内外に誇示する機会でもあったから、当然、コムーネによる後援・監督があった。準備は何日も前から、おさおさ怠りなく進められた。街路は綺麗に掃除され、また行列沿道の家の市民は、窓から旗を掛け下ろすように要請された。

公的な行事は三日前の六月二一日から始まった。ポデスタの命令で、まず一五歳以上のすべての男子が、洗礼堂に蠟燭を持っていくことと、洗礼堂前およびサン・ピエル・マッジョーレ教会（フィレンツェ市内東部、後述するパリオの終点）前広場に、約一二メートルの高さに青い布でテントを設営し、観客や商品展示のための雨風除けにすることが求められた。これらについては、毛織物製造組合が担当・監督した。翌二二日は、アダムとかモーセとか、古代ローマ皇帝アウグストゥスとか大天使ミカエルとか、東方三博士あるいは地獄・天国、生者と死者など、さまざまなテーマの山車が行列し、シニョリーア広場で劇を演じた。

前日（六月二三日）の朝には、ドゥオーモ広場から始まり主要道路を練り歩く聖職者や兄弟会の代表者による行列があり、それぞれの教会で保管する聖遺物を携え、金銀やさまざまな意匠の刺繡がほどこされた高価きわまりない衣服をも顕示しながら、しずしずと歩いた。さらに、「正義の旗手」を先頭とする旗区ごとの市民、都市役人やアルテの幹部、そしてコンタード（周辺農村領域）の封建領主という順での参拝および供物奉納行列が洗礼堂に向かった。さらには巨人の張りぼてや長髭の隠者も町を練り歩いた。これらの行列には、楽器演奏、ラウダ歌唱、聖史劇などが伴った。

行列ルートは市内の主立った教会や目ぼしい建造物をめぐった。行きはサンタ・トリニタ橋、帰りはヴェッキョ橋でアルノ川を渡るが、途中シニョリーア広場では演壇にいるプリオーレらを巻き込んだ儀式が繰り広げられた。ほとんどすべての参加者は蠟燭を持ち、最後に洗礼堂に着くとその蠟燭は洗礼者ヨハネに奉献される。それは同時にコムーネへの臣従をも意味した。宗教行列というのは、参加者(団体)の社会における序列や役目を衆目の前に露わにするとともに、そのときどきのコムーネの「聖性地図」を浮かび上がらせる作用があり、ゆえに行列ルートや立ち寄り先(教会や政庁、広場など)が重視されたのである。

前日は行列であったが、当日の儀式はドゥオーモでの念入りな典礼から始まる。そこにはあらゆる教会の歌手が参加する。しかしその日の午後には、市民が待ち焦がれたパリオ(競馬)が行われる。一五世紀初頭の絹織物商で年代記や日記作者としても知られる前述のグレゴリオ・ダーティは、春のお祭りの最後を飾るこの聖ヨハネ祭が軽佻浮薄に流れる傾向があると批判しているが、それはこの競馬をはじめとする、世俗的な遊戯が組み込まれていたからだろう。

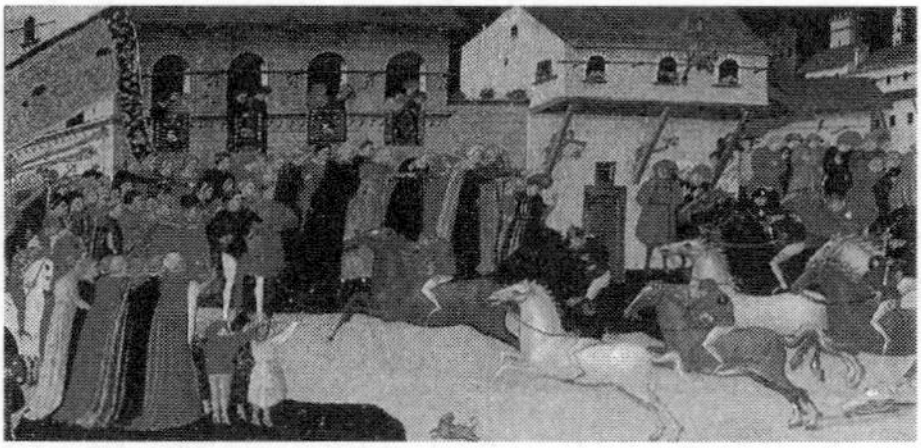

図 7-8　パリオ(15 世紀のカッソーネ)

パリオが聖ヨハネ祭の一部に組み入れられたのは、一二八八年であった。裸馬に跨った騎手が、それこそ猛スピードで狭い路地を走り、じつに危険なレースだった。コースはポンテ・デル・ムニョーネ(かつてムニョーネ川に架かっていた橋)から市の中心部を通ってサン・ピエル・マッジョーレ広場にいたるもので、レースが終わるとプリオーレが司るパリオ（勝者への旗）授与の儀礼が、音曲賑々しく挙行された。

本章では、ルネサンス期に広場や街路で展開した儀礼や遊び、ダンスや音楽などを注視してきた。遊びに熱中するのはフィレンツェ人がローマ人の直接の後裔だからだ、という考えもあったが、もっとも華やかな出し物は、「騎馬槍試合」「武勲試合」という、中世封建制の記憶を留めたものだった。一五世紀までは、祭り・儀礼の主体は隣組や家門、アルテや兄弟会などで、それぞれの名誉・威信をかけて互いに競い合った。だが独裁的な君主や一握りの趣味人に芸術が占有されていくとき、第九章で瞥見するように儀礼の性格も大きく変わっていこう。

第8章

世界と人間に注がれる新たな視線

ドナテッロ「預言者ハバクク」(左), 「マグダラのマリア」(右)(ドゥオーモ付属博物館)*

ここまでは、ルネサンス時代のフィレンツェで市民たちが日々何を望み、どんな場所でいかなる文化・社会・宗教活動を繰り広げてきたかについて考えてきた。本章では、このアルノ川の花の都におけるルネサンス芸術の本質的特徴を浮き彫りにしていきたい。一九世紀スイスの文化史家ヤーコプ・ブルクハルトが、イタリア・ルネサンスを「人間と世界の発見」の時代としたことはよく知られている。ではフィレンツェに着目した場合、夥しい数制作された芸術作品において、人間と世界の見方が従前からどう変わったのだろうか。建築・彫刻・絵画の順で見ていこう。

偉大なるブルネレスキ

まずは建築である。すでに第六章において、中世的特徴から飛躍したルネサンス期の世俗建築——邸館、ヴィラ——についてはかなり詳しく検討したので、ここでは宗教建築を吟味しよう。

中心になる建築家は、やはりブルネレスキ(一三七七—一四四六)である。ブルネレスキが建築家としての立身を本格的に志したのは、有名なサン・ジョヴァンニ洗礼堂第二門扉の彫刻「コンペ」でロレンツォ・ギベルティ（一三七八―一四五五）に――審査員が彼の先進性を理解しなかったゆえに――勝利できなかったからであった。ブルネレスキはドナテッロとともにローマに赴き、古代ローマの遺跡や建築物（とくにパンテオン）を詳しく調べ、円柱・柱頭・アーキトレーブ（柱とフリーズの間の水平梁材）・軒蛇腹・ペディメントなどを測量した。帰郷してまもなく、その研究の成果が存分に活かされたのが、ドゥオーモのクーポラ（円蓋）の設計であった。

ドゥオーモは、躯体完成後一四一〇年代に交差部に巨大な八角形のドラム（クーポラを支える円筒形や多角形の壁）が出来たが、その上にクーポラをいかに載せたらよいか、先行する建築家の誰にもわからなかった。しかしブルネレスキは、二重シェル方式という画期的工法を編み出して、見事、それをなしとげたのである（一四三六年完成）。

またブルネレスキは、フィレンツェ市内および近郊の都市に、規則性と秩序が際立つ端然たる教会をいくつも設計している。サン・ロレンツォ教会がその代表のひとつで、ベイ（柱間）の長さをモジュール（基準寸法）として、堂内空間をことごとくその倍数で設計している。とりわけ旧聖具室は、全体が立方体でその一辺の

図 8-1　ブルネレスキのデスマスク（ドゥオーモ付属博物館）*

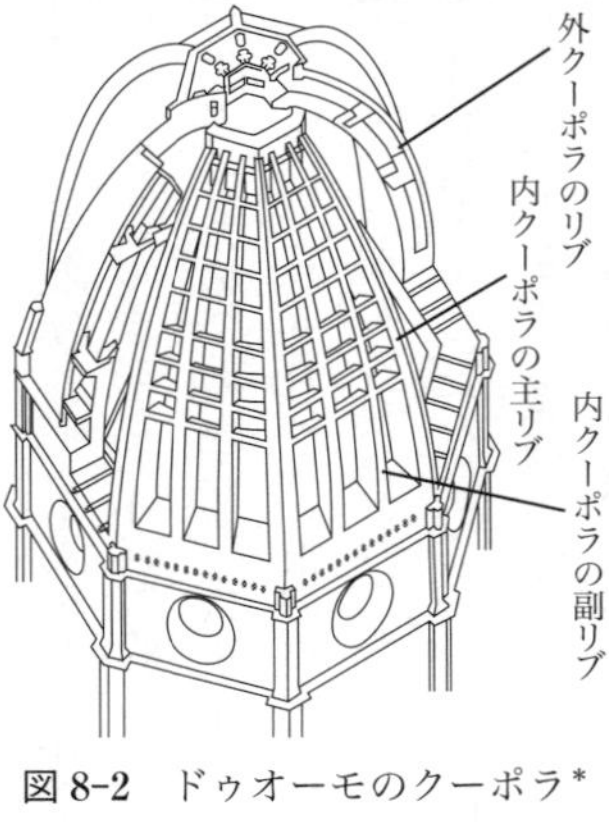

図 8-2　ドゥオーモのクーポラ*

長さを直径とする半球形円蓋が乗り、他の部分も大小の正方形と円・半円の組み合わせからなっていて、比例と調和が肌で感じられる。

もうひとつの代表作、サンティッシマ・アンヌンツィアータ広場の一面を占める捨て子養育院のロッジャ(第七章扉参照)は、軽やかで典麗たる二〇本のコリント式円柱がリズミカルに連続して一〇のアーチを載せたベイを支え、それぞれが完全な立方体のスパンになっている。円柱の高さとベイの幅は同一、円柱の上にはベイの半分の高さの半円アーチが架かっている。サン・ロレンツォ教会以上に合理的なプランで秩序立っていて、一目でわかる明澄な比例関係が何よりの特徴であろう。全体のコンセプトはギリシャ建築の厳密な比例関係に倣っているが、ギリシャやローマの特定の建築物がモデルになっているわけではない。細部はフィレンツェのロマネスク、洗礼堂やサン・ミニアート・アル・モンテ教会からの借用のようだ。

オルトラルノにあるサント・スピリト教会も、一四三〇年代初めにブルネレスキによって設計された（だが完成前に彼は亡くなってしまう）。これはサン・ロレンツォ教会と、平面図、立面図、分節・接合部、規模・寸法などの点で類似しているが、ラテン十字と集中プランのよりエレガントな組み合わせデザインが実現している。三廊式の身廊部では、美しいコリント式柱頭を持つ二組の列柱とそれらが支える半円アーチのリズミカルな連続が、清冽な美しさ、霊的なリリシズムを醸し出す。交差部のプランの正方形一一×一一ブラッチョ（約一三メートル）がこの教会建築のモジュールで、それが身廊も翼廊も内陣もすべて規定しており、比例関係は一対一か一対二のみ。完全な調和のとれたモジュールの繰り返しの束の中を歩くのは、まさに瞑想体験にふさわしい。

かくてブルネレスキは、古典的形態たる半円アーチや古代式円柱さらには平坦天井を利用し、立方体・半球体・正方形と円形を巧みに組み合わせることで、明晰にして秩序ある空間、シンメトリーとプロポーションの極北を、建築のあらゆるところに実現した。これはたしかに、古き「ゴシック的形態」を打破したのだが、皮肉なことに、そこには「ロマネスク的形態」の復活、つまりフィレンツェのサン・ジョヴァンニ洗礼堂やサン・ミニアート教会の構成の練り直し、という側面もあった。これをどう理解したらよいのだろうか。

先にもふれたようにフィレンツェは、政治的に教皇や皇帝、農村の封建領主と対抗して自立し、自らを聖性のアウラで包んだ共和制コムーネの中で、このルネサンス様式の建築、そして彫刻・絵画を創っていった。そしてこれらの作品は、教皇や皇帝、農村の封建領主らが体現する「悪しき中世」的原理や習俗との戦いが駆動力になって、生み出されたとされる。だがそれは同時に「良き中世」を体現するコムーネの産物でもあり、さらにゴシック以前のロマネスクの復活でもあったことを忘れないようにしよう。

いずれにせよブルネレスキの権威と独創性は、後の世代に大いなる影響を与えた。彼の手法は一四八〇年頃までにフィレンツェの古典建築の標準となり、アルベルティやミケロッツォやロッセリーノ兄弟などに受け継がれていく。

とりわけアルベルティは、サンタ・マリア・ノヴェッラ教会のファサード改築(一四五五頃―一四七〇)の設計において、上下左右すべて、全体の比例関係が相互決定されていて、どの寸法も全体を害せずには変えられないようなデザインを考案した(図5-3参照)。この有機的秩序には「理想の身体」の比率を採り入れ、また厳密な計算にもとづく円と正方形を大枠とするシンメトリー効果もある。ほかにギリシャ的な建築要素として、半円アーチをコリント式付け柱が支えるパンテオン風の中央玄関、ファサード最上部の太陽の図柄のあるティンパヌムなどが形作られた。まさしくルネサンス建築の傑作である。

ブルネレスキやアルベルティをはじめとする建築家が考案した建築におけるルネサンス的形態は、教会建築とともに、第六章で検討した邸館やヴィラにも実現した。

公共芸術としての彫刻

次に彫刻はどうだろうか。彫刻とは、おなじ石を使っても建築と異なり――主として――「人体」を彫り出すのであり、またおなじ人体を表現するのでも絵画とは異なって、「三次元」に塑像・造型する芸術である。彫刻はこの時代、写実性や自然らしさの追求に止まらず、人間の奥底に潜む性向や感情の本質にまで迫ろうとした。それはまた、貴族とか教会当局に限定されず、市民にあまねく道徳や宗教の教えを伝えるという機能も託された。ルネサンスが「人間の発見」「人間性の回復」の理想を掲げているとするならば、それは彫刻にこそ具現しているのではないだろうか。

最大の功労者は、ギベルティの弟子で、ブルネレスキの若き友人ドナテッロ（一三八六頃―一四六六）である。引く手数多の彼は、フィレンツェのみならず、中・北イタリア各地で仕事をし、それぞれの町に主要な作品が残っている。彼は、古典彫刻から人体の構成や比率、流れるような動きと姿勢の表現法など多くを学びつつも、たんなる模倣に終わらず、意気高らかな市民の主導する時代の要請に応えている。つまり古典的な彫刻が、優美・調和・清澄を理想としたのに対して、彼は、姿勢や表情、衣装とドレーパリーで、ダイナミックな肉体の動きと心理・感情の発露を表現した。彫刻の人間性が彼によって回復され、観者は彫刻との対話あるいはそのドラマへの参加によって内省に導かれる。

ドナテッロの作品には、しばしば写実を超えたリアリズム、一九世紀的な自然主義の先取りがある。とくに木彫の「マグダラのマリア」(一四五〇年代後半、本章扉)、ドゥオーモの鐘楼の壁龕に入れられた「アブラハムとイサク」(一四二一)や「預言者ハバクク」(一四二三/二五、本章扉)および「預言者エレミヤ」(一四二七頃)が秀逸である。

ここでドナテッロも参加した、オルサンミケーレ教会の壁龕に入れられた諸々のアルテ(同職組合)の出資による聖人彫刻群のいくつかに着目してみよう(口絵参照)。これらは街路を歩く市民が日々間近に見かけて「対面」し「会話」できる、屋外芸術である。こうした特徴は、市民こぞって町の美化を願い、芸術作品に対して誰もが一家言あったルネサンス期のフィレンツエにふさわしい。壁龕の聖人彫刻群の計画自体は一四世紀からあったが、つぎつぎ完成したのは一四一〇—一四二五年のことであった。

本章冒頭にふれたように、サン・ジョヴァンニ洗礼堂門扉の彫刻などで有名なギベルティは、一四一四―一四二八年にいずれもブロンズで三つの主要アルテの守護聖人像を造った（「聖マタイ像」「洗礼者ヨハネ像」「聖ステパノ像」）。時期的に並行してドナテッロも別のアルテのために制作していたので、互いに学びあったようだ。ギベルティ作品のうち「洗礼者ヨハネ像」（オリジナルはオルサンミケーレ美術館蔵）はカリマーラ組合から委嘱され、一四一四年に完成した。後期ゴシック・スタイルをひきずるドレーパリーの甘美な流れや襞の三日月形は見事だが、その下にあるはずの身体の実質は感じられず、顔の表情も仮面のようで、いささか停滞感がある。

これに対し、麻織物業組合後援のドナテッロによる「聖マルコ像」（一四一三、オリジナルはオルサンミケーレ美術館蔵）には、静けさのなかにもダイナミズムが漲っている。いわゆるコントラポストの姿勢の聖マルコは、右足に重心をかけて骨盤と両肩を傾け、胴と顔をやや横向きにして全身が動き始めている。ドレーパリーもそれが包む身体から分離した装飾物ではなく、中にある肉体の形態や筋肉の特性を暗示するよう工夫されている。長髭を蓄えた老賢者は、秀でた額の下に深く埋め込まれた眼で街路の方をじっと見つめている。何ものにも束縛されない自由な動きと深い思想を湛えたこの像は、ルネサンスの独立彫刻の模範として仰がれることになろう。

オルサンミケーレの壁龕での仕事としては、ドナテッロはさらに武具製造組合の依頼により大理石で「聖ゲオルギウス像」（一四一七、オリジナルはバルジェッロ美術館蔵）を、ゲルフ党の依頼では「トゥールーズの聖ルイ像」（一四二二―一四二五頃）をブロンズで制作した（後者は最初、東のファサードの中央壁龕に鎮座していたが、一四五八―一四五九年にサンタ・クローチェ教会のファサードの壁龕に移され、現在は同教会付属美術館にある）。

第三に注視すべき彫刻家はナンニ・ディ・バンコ（一三八一頃―一四二一）で、一四一〇年代、石工・木工師組合のために「四殉教聖人像」（オリジナルはオルサンミケーレ美術館蔵）を制作した。四人の殉教聖人とは、ディオクレティアヌス帝のために医神アエスクラピウス像を造るよう命じられたがそれを拒んだキリスト教徒彫刻家たちで、パンノニアで三〇〇年頃殉教したとされる。ナンニは大理石で巧みに四人の像を彫り、浅い半円の壁龕にうまく配置している。皆、古代ローマのトーガをまとい、顔つきもローマ風である。ドナテッロ作品のようには動きを感じさせず、むしろ観者に悠久のローマ時代を思わせる。厳密なリアリズム、歴史的な考証、という点で優れていよう。

最後に取り上げる四人目の彫刻家は、アンドレア・デル・ヴェロッキオ（一四三五―一四八八）である。ドナテッロの俊秀な弟子で、師の死後はフィレンツェでもっとも著名な工房の主となった。オルサンミケーレの「聖トマスの懐疑」（一四六七―一四八三、オリジナルはオルサンミケーレ美術館蔵）は、商事裁判所組合が、政治力を失ったゲルフ党の壁龕を買い取って、上述のドナテッロの「トゥールーズの聖ルイ像」に替わるものを作らせようと、ヴェロッキオに依頼して制作されたブロンズ像である。

トマスの右脚は大きく壁龕をはみだし、建築の枠組みから解放されている。ドレーパリーのリアルな描写、優しく教え諭すような憂愁を湛えたキリストの表情と仕草、近づきやすく陽を浴びたトマスの物質性と少し高みに隔てられ陰になっているキリストの霊性とのコントラストの巧妙な表現など、革新的で大きな影響力を発揮した。

図 8-3　アンドレア・デッラ・ロッビア作，捨て子養育院のメダイヨン*

新たな彫刻素材・技術を開発したという意味で重要なのが、彩釉テラコッタすなわち艶だしエナメルで着色したテラコッタによる彫刻作品である。この技法はルーカ・デッラ・ロッビア（一四〇〇頃―一四八二）が一四四〇年頃開発し、甥アンドレア（一四三五―一五二五）やその五人の子らが受け継いだ。耐久性抜群で白・青・緑・黄などの鮮やかな色を出せ、大小さまざまな彫像を自由に作ることのできるこの技法は、瞬く間に普及した。

捨て子養育院のファサードにはアンドレアによるメダイヨンの一〇点の彩釉テラコッタが、産着に包まれた赤ん坊を描いている。またサンタ・クローチェ修道院のパッツィ家礼拝堂には、ルーカによる使徒たちの円形浮き彫りがある。この値頃な陶器作品は、修道院・施療院・兄弟会・アルテなどあらゆる聖俗の団体の建物内に行きわたったばかりか、一般市民の家の中にも入り込んで、その装飾・美化に貢献した。

ルネサンス期の彫刻は、建築や絵画同様、古典的模範に従うことで新時代の美意識の狼煙を上げた。ブルネレスキら建築家がローマ建築を実地に研究し、また人文主義者が修道院の図書館で昔の写本を探して正しいラテン語と古代人の知恵を甦らせたように、彫刻家はローマで出土したフリーズ(アーキトレーブと蛇腹の間の装飾のある水平帯)・石棺・胸像などを吟味して、古典スタイルを再興させたのである。しかしやはり建築・絵画同様に、この時期、一握りの支配者やエリートではなく、広く市民が彫刻作品を鑑賞し、そこから人間の新たな見方や徳性を学べたことが、何より重要であろう。

遠近法の深層

ルネサンス絵画の先駆けをなしたジョットの画業については第三章で紹介したが、写実主義・自然主義と、ダイナミックでドラマチックな動きとでジョットを引き継ぎ、それをいっそう推し進めたのがマザッチョ(一四〇一―一四二八)である。彼の代表作は、サンタ・マリア・デル・カルミネ教会のブランカッチ礼拝堂壁画(一四二四頃―一四二八)すなわち「聖ペテロの生涯」の六枚連作で、国際ゴシック様式の流れを汲んだ師のマゾリーノ（一三八三—一四四〇／四七）との合作であった。遠近法の本格使用により、二次元画面に三次元空間が見事に写し取られている。

マザッチョが担当した「貢の銭」では、遠近法（線遠近法と空気遠近法）に加えて色彩と光と影の扱いが高度な完成を見せ、画中シーンは壁画の右手上方に現実にある窓から実際に差し込む光の延長で、照らされているかのように見える。同所にある「洗礼を施す聖ペテロ」でもそうだが、マザッチョはおなじ量塊、ヴォリューム、重さの諸規則に従う人物造型を試み、それにより彼の描き出す人間は、何かの理念の寓意でも象徴でもない、自然な存在、それぞれ個別の肉体・心理を備えた理性的存在になっている。

図 8-4　マザッチョ「聖三位一体」（サンタ・マリア・ノヴェッラ教会）*

サンタ・マリア・ノヴェッラ教会にあるマザッチョの「聖三位一体」（一四二七頃）は、入って左手側廊壁に開いて見えるアーチ型天井を備えた礼拝堂のイリュージョンである。完璧な遠近法と人物や

図8-5　フラ・アンジェリコ「受胎告知」(サン・マルコ修道院)

その衣服の細密描写がこれを可能にした。

遠近法ということでは、線遠近法の熱狂的支持者パオロ・ウッチェロ(一三九七―一四七五)を忘れてはなるまい。たとえばサンタ・マリア・ノヴェッラ教会脇の「緑の回廊」に描かれた「大洪水と終息」では、それぞれの主題あるいはモノの集合に別々の消失点を設ける独特な遠近法が用いられている。またそこには異時同図法、短縮法なども併用されている。

次に、サン・マルコ修道院回廊に多くの絵を描いたことで知られるフラ・アンジェリコ(一三八七―一四五五)は、線遠近法をしっかり活用しつつも、新たな技法を試みている。それは色と光という資源を駆使するものであり、代表作のひとつ「受胎告知」(一四四九頃)でも、大天使ガブリエルと聖母マリアのいる「回廊」が遠近法に則って写実的に描かれるだけでなく、量塊性を絵の具の濃度のグラデーションで表現し、色のみで光を創造したとも評される。庭園の春の草花やその奥に見える糸杉の放つ神気、頭を傾げた二人の人物の間合いの妙もあり、まさにリリシズム溢れる神秘的世界が現出している。

フラ・アンジェリコに見られるように、一五世紀フィレンツェの画家たちは、遠近法のみで新たな世界の見方を提示したわけではない。色彩および線の工夫という、いわばゴシック的な表現技法の刷新という潮流もあったのである。これは、メディチ家が権勢を高めて、実質上都市政治を牛耳るようになった一四四〇―一四五〇年代に彼らの後援下に制作された絵画に顕著である。リアリズムやダイナミックな形態よりも、装飾性が重んじられるようになったのだ。

フラ・アンジェリコについで、フィリッポ・リッピ(一四〇六―一四六九)もそうした色彩と光の輝きを追い求めた点で際立っている。極限まで可能性を引き出された線描写が自己目的化したように画面を覆い尽くし、人物の動きを凌駕している。というより人物像自体が装飾化し、それを毛皮・ネックレス・ヴェール・頭飾りなどがさらに飾り立てているのだ。この線描写の技術は、後にボッティチェリに伝えられるだろう。

マザッチョの革新を拒否したかのように、別の可能性を開発しながら画業をつづけた画家の中には、ベノッツォ・ゴッツォリ(一四二〇―一四九七)も含まれる。メディチ邸館の礼拝堂用に描かれた「ベツレヘムへ向かう東方三博士」(一四五九)は、いくつものきわめて装飾的なシーンが相互に継起している魔法の幻想物語のようで、遠近法はあっさりと無視されている。

つづく世代、カミソリのように精確・細密な線描写と人体解剖学の知識の適用で鳴らしたの

図8-6　ピエロ・ポッライオーロ「ある女性の肖像」（ミラノ，ポルディ・ペッツォーリ美術館）

は、ポッライオーロ兄弟（兄アントニオ、一四三一／三二頃―一四九八。弟ピエロ、一四四三頃―一四九六）である。とりわけ弟のピエロは、一四六〇―一四七〇年代に優れた肖像画を多く描いている。傑作のひとつ「ある女性の肖像」（一四七〇頃）は、何千本ともしれない渦巻き絡まり合った細い線からなる髪の毛と、それをまとめている薄いヴェールの描写が超絶的で、真珠やルビーなど宝石類や衣服の紋様パターンも細心の注意を込めた繊細な線で描かれている。艶やかな表面とともに観者の目を惹きつけてやまない。

線遠近法による絵画は、その技法を用いれば誰が描いても、そして誰が観ても現実を写したかのように、モノが正しく見えるような気がする、規律あるイリュージョンの小宇宙である。だからそれは、モノの正しい見方を保証する秩序の現存とその普遍性への信念を前提にしている。それを背後で支えたのは、自由なコムーネにおける共和制、市民全体の代表による政治体制であった。

しかし若桑みどり氏も指摘しているように、自然らしくありのままに描くことをよしとする考えは、一五世紀後半、メディチ家が事実上独裁体制に入り、民主的な体制がほとんど失われると、早くも消え失せる。現実から目を逸らした知識人が異教的な夢幻世界に遊ぶのと符節を合わせて、芸術は市民全体のものではなく、趣味人たる選ばれたエリート・貴族のみが鑑賞するものになっていく。すべての人間に正しい見方の権利を授けていた時代は、一五世紀から一六世紀へと移りゆくうちに去り、やがて絶対者の趣味で芸術のあり方が決められる時代がやって来るだろう。

ボッティチェリ、レオナルド、ラファエロ

一五世紀末から一六世紀初頭という時代は、フィレンツェがさまざまな危機に見舞われ、また共和制が最終的に崩れてメディチの専制君主制へと移行する政治的激変期である。そうした時代状況を反映するかのように、美術作品の性格も大きく変わっていく。前項で一五世紀後半の傾向と指摘した、写実主義・自然主義に抗する線描写と色彩の魔力への没頭が基調になる。それを代表する画家がサンドロ・ボッティチェリ（一四四四／四五―一五一〇）である。

ボッティチェリはロレンツォ・イル・マニフィコお気に入りの画家で、彼の依頼でいくつもの作品を描いた。リッピの弟子だったボッティチェリは、初期の作品（一四七〇年の「剛毅」や一四七二年の「ユディト伝」や多くの聖母子像など）から、すでに写実に背を向けて夢想的雰囲気を

図 8-7　ボッティチェリ「春」(ウフィツィ美術館)

現出するべく、線描と色彩の可能性を突き詰めていった。その絵には重さやヴォリュームは感じられず、人体プロポーションはきわめて不自然である。人間は身体でなく渦巻き上がるドレーパリーや揺れ動くトルソのみで作られているかのように見える。

メディチ家のもう一人のロレンツォ、すなわち弟脈のロレンツォ・イル・ポポラーノ（一四六三―一五〇三）に依頼されて、新プラトン主義の思想ないし愛の観念を、麗しい、しかしそこはかとない憂愁の気の漂う異教的な快美の世界として描き出したのが、一四八〇年代初頭の「春」と一四八五年頃の「ヴィーナスの誕生」（ともにウフィツィ美術館蔵）である。前者においては、不自然に伸びたり歪になったりしている柔弱な人物たちが揺動しながら左方へと舞い進んでいく。その身体は、空間の中に確固たる固体性・量感・スケールで存在しているとは思えない。一方後者では、大きな貝殻の上に立つヴィーナスはありえない長さの首をし、左肩は脱臼しているかのように下がっているし、彼女に花をちりばめたマントを差し出す女神（ホーラ）ともども、地に足がつかず浮遊しているようだ。

だが、こうしたボッティチェリ作品には、高踏傲岸な感じはなくて、難しいことはわからなくても誰をも惹きつける「市民的エレガンス」とでも呼びうる魅力を備えている。その点では、ボッティチェリに先立つ、フラ・アンジェリコやフィリッポ・リッピの作品もそうだったし、ボッティチェリの弟子で、量感や形態があやふやで、建物も人物も神経質に震える数多の線から成っていながら、魅力的な明るい煌めきを放つフィリッピーノ・リッピ(フィリッポ・リッピの子、一四五七頃―一五〇四)の作品(「聖ベルナルドゥスの幻視」バディーア・フィオレンティーナ蔵、「音楽の寓意」ベルリン国立美術館蔵など)も同様だ。

図 8-8　フィリッピーノ・リッピ「音楽の寓意」(ベルリン国立美術館)

さらに先行する画家たちから学んだ流麗な線描と風景・物語表現を駆使し、宗教画においてこうした市民的エレガンスを実現した画家に、ドメニコ・ギルランダイオ(一四四九―一四九四)がいる。サンタ・トリニタ教会の「聖フランチェスコ伝」、サンタ・マリア・ノヴェッラ教会にある「聖母マリアの生涯」や「洗礼者ヨハネの生涯」などが代表作である。

ジョット、マザッチョの後、線と色彩の装飾技法に溺れて後退したかに見えたフィレンツェ・リアリズムの高峰は、一六世紀初頭に突如やって来た。ラファエロ、レオナルド、ミケランジェロの登場である。いずれも画派をなすほど腰を据えてフィレンツェで仕事をしたわけではなく、すぐさまローマやミラノに旅立ってしまったのであるが、その影響は大きかった。新たな世紀はこれらたった三人のごく短期の活動で、フィレンツェを奇跡的ともいえる美術の中心地に押し上げたのだ。

レオナルド(一四五二―一五一九)はピストイアの南のヴィンチ村に生まれ、一四歳のときにフィレンツェのヴェロッキオ工房に入門した。一四八一年、フィレンツェ郊外にあるサン・ドナート・ア・スコペート修道院の祭壇画として制作された初期の作品「東方三博士の礼拝」(ウフィツィ美術館蔵、口絵参照)は未完に終わったが、斬新な構図と身体の形態描写で波紋を広げた。この絵では、図式的な遠近法ではない、半円陣をなす人物群によって分節化した空間描写と光の絶妙な使い方によって、深みのある空間が実現している。

翌年彼はミラノに向かい、ミラノ公のためにさまざまな作品の設計・制作にあたった。一四九九年第二次イタリア戦争が勃発すると、ヴェネツィアを経てフィレンツェに帰還した。帰郷したレオナルドは繊細な明暗法と絶妙な構図の「聖アンナと聖母子」のカルトン(原寸大下絵)を携えて来たし、「モナリザ(ジョコンダ)」もこの時期に描かれたと考えられる。

ミケランジェロ(一四七五―一五六四)はアレッツォ近くの村に生まれて、まもなくフィレンツエに一家とともに移り幼少期を過ごした。一三歳でドメニコ・ギルランダイオに弟子入りしてすぐに頭角を現し、ロレンツォ・イル・マニフィコに寵愛されプラトン・アカデミーの仲間にも加わった。ロレンツォの死後は安定した有力パトロンはフィレンツェにおらず、ローマやボローニャなどとフィレンツェとを行き来することになった。

図 8-9　ミケランジェロ「トンド・ドーニ」(ウフィツィ美術館)

彼は彫刻家として名を馳せたが、この時期、現在ウフィツィ美術館に所蔵されている「トンド・ドーニ(ドーニ家のマドンナ)」を描いている。前景に位置を占めるマリアの姿勢はじつに不自然だし、前景の聖母子およびヨハネと後景の裸体青年群像の関係が不明で、遠近法は無視されている。しかしエネルギーの充塡された肉体の捻転と緊張感は、彼の将来の彫刻の仕事を思わせる。ヴェッキョ宮殿における両巨匠の競演については、第四章末尾でふれておいた。

一五〇五ないし〇六年にミケランジェロは教皇ユリウス二世に呼ばれてローマに戻り、やはり一五〇六年にはレオナルドもミラノに旅立つ。だが彼らの作品に想を得て――加えてフラ・バルトロメオの例にも倣って――ラファエロがすばらしい聖母マリアおよび聖家族の肖像(「ひわの聖母」「美しき女庭師」「ベルヴェデーレの聖母」「カニジャーニ家の聖家族」など)を仕上げて脚光を浴びた。

　ウルビーノで生まれ育った若いラファエロ・サンツィオ(一四八三―一五二〇)がフィレンツェにやって来たのは、一五〇四年のことだった。先立つ画家たちの技術、すなわち遠近法、写実的色彩、スフマート(ぼかし画法)、外光表現、比例のとれた形態やイメージの鮮明さ、背景の合理性などを総動員して、小さな画面の中にも有機的で不可分の均衡、しかもうっとりするような驚くべき自然な感じの絵を完成させた。従来の古典的な理想の表現とは打って変わった、こうしたフィレンツェ市民のありのままの姿、気質や心情まで伝わってくるような絵画は、それまでなかった。ラファエロも一五〇八年には教皇に招かれてローマに旅立った。

　この偉大な三人の画家がいなくなったフィレンツェでは、すぐに自然主義・写実主義の潮流

図 8-10　ラファエロ「ひわの聖母」(ウフィツィ美術館)

が途絶えてしまったわけではない。この潮流を引き継いだ者としては、とりわけサン・マルコ修道院の修道士で、卓越した明暗法とともに優美で静謐な古典的スタイルを創り出したフラ・バルトロメオ(一四七二―一五一七)がもっとも重要である(「聖カタリナの神秘の結婚」一五一一、パリ、ルーヴル美術館蔵など)。

ほかにフランドル絵画の影響を受けて、自然やモノへの関心を深めたピエロ・ディ・コジモ(一四六二―一五二一)、その弟子で色や光・テクスチャーの使い分け、すばらしいデザインと描写力、そして荘厳でありながら柔らかな雰囲気が特徴のアンドレア・デル・サルト(一四八六―一五三〇)、デル・サルトの友人でラファエロの影響を感じさせる肖像画のほか、光の中の清浄さ・抒情性、技巧に頼らない自然で優美な造形で知られるフランチャビージョ(一四八二―一五二五)などがいた。

図 8-11　フラ・バルトロメオ「聖カタリナの神秘の結婚」(ルーヴル美術館)

一五一〇年代後半から二〇年代にかけての絵画では、美しい色彩とその組み合わせの妙に目が吸い寄せられるが、それとともに自然・現実の再現に無関心になり、技巧(マニエラ)に頼った人工的な美、抽象的観念にのみ依拠した造型が流行しだす。だが他方では、ネーデルラント絵画の影響か、あまりに完璧で微細な客観描写ゆえ、逆に写実主義・自然主義は生命力を失うこともあった。この二つの方向にさらに進むと「マニエリスム」の時代がやって来よう。実際、アンドレア・デル・サルトとフランチャビージョの二人は、初期のマニエリストに数えられることもある。

ルネサンス時代は終わりを迎えつつあった。

第9章

トスカーナ大公国時代

1532年から1860年

ヴェッキョ橋*

メディチ家、フィレンツェ公からトスカーナ大公へ（一五三二―一七三七年）

一五三〇年八月、フィレンツェに帰還したアレッサンドロ・デ・メディチ（第四章参照）は、神聖ローマ皇帝カール五世の認可を得て、一五三二年「公」として君主制を始めた（在位一五三二―一五三七）。たしかに君主制ではあるのだが「フィレンツェ共和国の公」という矛盾した称号を受けたのは、この町にいかに共和制の伝統が根を張っていたのかを雄弁に物語っていよう。旧来の執政府（シニョリーア）制度は廃止され、四人の顧問が形成する顧問団と公ないしその代理人からなる最高執行院が創設された。立法議会（二百人評議会と四十八人評議会）も公かその代理がいないと開けない規則となった。一二九三年以来、共和制の基盤になってきたアルテ（同職組合）の出る幕はもはやなく、共和制は完全に過去のものとなった。

フィリッポ・ストロッツィを総帥とする自由派は、フィレンツェ外にいながら、このアレッサンドロの「僭主制」を転覆させんと図ったが、あに図らんや、アレッサンドロは、ロレンツィーノ・デ・メディチというメディチ弟脈――すなわちメディチ王朝の始祖というべきジョヴァンニ・ディ・ビッチの二人の息子コジモとロレンツォのうち、弟ロレンツォの直系子孫――

の青年に暗殺されてしまう。兄脈は突如絶え、君主に選ばれたのは、やはり弟脈のジョヴァンニとロレンツォ・イル・マニフィコの孫娘との間の子、コジモ一世(在位一五三七―一五七四)であった。

明敏なコジモ一世は、反対派を粛清し、着々と体制固めを進めた。そして領内各都市に要塞を築き、領域国家の守備を固めた。また新しい行政機関を設けるとともに、自分の側近に権限を集中させていった。とくに一五四五年に誕生した「枢密顧問団」は、司法監査役、税制監査役、その他の役職者からなり、行政・司法を握るコジモ直属の諮問会議として強力な権限を有していた。

共和制を大切にしてきた市民に君主制を受け容れさせるのは難しいと思われたが、市民たちを「廷臣」に変えてしまうことで首尾よく運んだ。フィレンツェの上層階級の有為の若者たちに、市の高級官職や農村の統治者、外交官・将軍職、あるいは割の良い俸給をちらつかせて懐柔したのだ。さらに、有力家門に属さない小市民層を要職(正義の旗手、プリオーレ、特別委員会の委員など)に登用し、自分の意のままに操ったし、フィレンツェ外の有能な人物をも発掘して官僚――多くが終身官職――に取り立てた。これは他の観点から見れば、人脈ピラミッドの中間段階を取り去った、メディチ家によるパトロネージ政治の強化とも看做せよう。共和制の社会・文化を底辺から支えていた托鉢修道会、アルテ、兄弟会、ゲルフ党、都市貴族家門といった「社団」は特権を奪われ弱体化した。

さらにコジモ一世は一五六二年に「サント・ステファノ騎士団」を創設して、新たな貴族化政策を進めた。これはコンメンダ（騎士への終身禄）を購入するか、市民貴族身分を要求するかで、その騎士としての地位が獲得できた。騎士団九〇〇人のメンバーのうち三分の一をフィレンツェの大家門出身者が占め、他は中小都市や外国からリクルートされた。

一四九六年に創設されたモンテ・ディ・ピエタ（貧者救済を目的にした公営質屋、貧者が持ち寄る質草の価値の三分の二の金銭を借りられる）は、市民の預金を元に運営されていた。コジモ時代には預金に五％の利子が認められて、金を預ける中流階級が急増したが、コジモはそこに蓄積された資産を自分と家族、友人の都市貴族らが自由に使える貸付金と看做すようになった。共和国の慈善のための制度が、国家財源の貯蔵所となっていったのである。しかし一方で、コジモはトスカーナの領域全体の福祉向上や殖産興業にも尽くしたので、共和制時代のような市内の反乱の多発はなくなる。そして従属都市の反発も和らいでいった。

コジモは、対シエナ戦での功績を認められ、フィレンツェ公に加えて一五五七年にはシエナ公の称号も得ていたが、その後教皇への働きかけが功を奏し、一五六九年、念願の「トスカーナ大公」となる。小さいながらヨーロッパ列強の君主家系と肩を並べられる身分になったのである。そして三七年というコジモの長い治世の間に、フィレンツェは商人の町から宮廷都市に、共和制から絶対主義の萌芽というべき君主制に移行した。ドゥカーレ宮殿と名を変えたヴェッキョ宮殿と、カスティーリャ出身の公妃エレオノーラの持参金で購入したピッティ宮殿では、日夜華やかな宮廷生活が繰り広げられた。人口は一五六一年の調査では五万九〇二三人であったが、一五八九年には八万人へと急増した。

コジモ一世を継いだのは、息子のフランチェスコ一世(在位一五七四―一五八七)であった。彼は家族スキャンダルにまみれていたが、宝物庫にある七〇〇万スクードの金を使って野心的な拡張政策を繰り広げた。そして毛織物業と絹織物業(養蚕業を含む)を振興するとともに、熟練のガラス職人とタペストリー業者をフィレンツェへと呼び寄せた。商取引は盛んになり、賃金も上がったが、経済状況が大きく向上することはなく、収入の減った農民が農村から流れ込んで貧者が増え、通りには乞食がうろつきまわった。

フランチェスコ一世が一五八七年に急死すると、嫡子がいなかったため、枢機卿になっていた弟のフェルディナンド一世が還俗して後を継いだ(在位一五八七―一六〇九)。彼は内政・外交を手堅く進めて、その結果トスカーナは――スペインやフランスからの――独立性を回復した。またヴァルディキアーナやマレンマの農地開発、絹織物をはじめとする産業振興に努め、リヴォルノを自由貿易港、商品の一大集散地にしたおかげで、経済レベルは向上した。ユダヤ人・異端者などへの寛容令もあり、外国から避難してくる者も後を絶たなかった。

フェルディナンド没後は、コジモ二世(在位一六〇九—一六二一)、フェルディナンド二世(在位一六二一—一六七〇)、コジモ三世(在位一六七〇—一七二三)、ジャン・ガストーネ(在位一七二三—一七三七)と大公位は継受されていく。しかし自由な競争を阻む古いアルテ体制、資本主義の発展を妨げるマニュファクチャー規制や不公平な徴税システムなどが災いとなり、フィレンツェの商業は、海外に雄飛するオランダやイギリスにはとうてい太刀打ちできなくなっていた。

一七三七年にジャン・ガストーネが亡くなり、メディチ王朝が断絶すると、フィレンツェそしてトスカーナ大公国は、ヨーロッパ列強が繰り広げる生き馬の目を抜く国際政治の駒にすぎなくなる。大公に嫁入りするフランスやドイツのプリンセスたちが「あんな田舎になんか住みたくない」と不平を鳴らすほどになったのだ。世界の文化の中心として輝いていたルネサンスは、二〇〇年もたたないうちに、はるか遠い過去のものになってしまったのである。

君主を称揚する建設・彫刻事業と儀礼

では、メディチ家が君主として統治したおよそ二〇〇年間には、どのような文化が栄えたのであろうか。ルネサンスの名残りを留めていたのだろうか。

この時代、フィレンツェ社会の頂点には当然ながらメディチ宮廷があった。ドゥカーレ宮殿(ヴェッキョ宮殿)は、式典と迎賓の場となり、君主家族の生活の場でもある宮廷は、ピッティ宮殿へと移った。コジモ一世の公妃エレオノーラとその取り巻きたちの影響で、宮廷生活は徐々にスペイン風に形式化・儀礼化されていく。そこに浸透した絶対主義的な厳かな雰囲気の宮廷文化は、滝のように社会全体へと流れ込む。廷臣と化した都市貴族たちは、年金・肩書や特典を求めて大公に取り入り、上席権を争い合うだろう。

コジモ一世は、この小さな絶対主義王朝の偉大さを鼓吹するため、芸術家・作家を起用した。その大がかりな計画の総監督となったのが、画家・建築家のジョルジョ・ヴァザーリ(一五一一—一五七四)である。ドゥカーレ宮殿内部の装飾とウフィツィ宮殿の建設がもっとも主要な事業であった。両事業には、時代を代表する彫刻家・画家が動員された。

前者では、コジモお気に入りの彫刻家バッチョ・バンディネッリが、中庭から階段を上ったところにある「五百人広間」に据えつける何人ものメディチ家の(大)公や出身の教皇たちの像を彫ったし、ヴィンチェンツォ・ボルギーニによる図像学テーマにもとづく格天井の装飾にも多くの画家が参加した。天井の中央に「フィレンツェから戴冠される勝利と栄光のコジモ」(一五六三—一五六五)が描かれ、その周囲には、コジモの支配に屈する諸領地の寓意ならびにピサ戦争(一四九六—一五〇九)やシエナ戦争(一五五二—一五五九)の描出によって、領域国家としてのトスカーナ公国の拡大が暗示されている。

さらに二階(レオ一〇世の区画)には、メディチ王朝の君主や出身の教皇たちの部屋が、それぞれの栄えある事績の記念とすべく装飾を施しており、また三階（四大元素の区画）ではギリシャ神話の神々の名をつけられた部屋が、豊饒なる黄金時代をもたらしたコジモを賛美している。

このドゥカーレ宮殿の隣りに造られたウフィッツィ宮殿は、その名の通り、「オフィス」Uffiziビル、総合行政庁舎である。それまで市内各所に散らばっていた司法・行政の役所、そして議会を一所にまとめてしまおうとの目論見で、ヴァザーリ設計のもと、建設が進められた。主要アルテの事務所やメルカンツィア（商事裁判所）もここに集められ、劇場、礼拝堂などもあった。玄関の間には、コジモ一世はじめ歴代の大公の彫像がおかれることになろう。ウフィッツィ宮殿建設は一五八〇年までかかったが、途中一五六五年に、大公とその家族が地上を歩かないでドゥカーレ宮殿とピッティ宮殿を往復できるよう「ヴァザーリの通廊」が高架式で造られた（ヴェッキョ橋の上も通っている）ことも言い添えておこう。

またコジモ一世時代には、ドゥオーモ、サン・ロレンツォ教会、サンタ・クローチェ教会、サンタ・マリア・ノヴェッラ教会など主要教会についても改修プロジェクトがあった。そこには、教皇庁の進める対抗宗教改革（後述）の理念に適った、教会内の内陣仕切り除去や多くの祭壇画の描き替え——真実らしさと節度をもって明快な物語を描くため——も含まれていた。シニョリーア広場では、「男性性」をいよいよ赤裸々に示すことになる彫刻群がつぎつぎ作られたが、いずれにもメディチ家を称揚する意図が込められていた。

一方、サンティッシマ・アンヌンツィアータ広場には、コジモの息子のフェルディナンド一世が、自身の騎馬像をジャンボローニャに造らせた。この像の設置で、美しい古典主義的列柱の立ち並ぶフィレンツェ随一のルネサンス空間は、まったく臆面もなくメディチ家の広場としての顔を持つようになった。こうしてじつに夥しい画家・彫刻家・建築家が、メディチ王朝を称える都市改変プロジェクトに動員されたのである。フェルディナンド一世はまた、メディチ王朝の歴代君主を賛美し追慕するため、八角形の巨大な霊廟「君主の礼拝堂」をサン・ロレンツォ教会後陣奥に造らせた(第四章扉参照)。あらゆる壁面が貴石象嵌によって化粧仕上げされているさまは圧巻である。

こうした中、ドゥカーレ宮殿やピッティ宮殿では、公女の結婚など、機会を捉えては豪華なメニューの宴会やダンスが挙行された。とりわけ宴会は(大)公権力の衒示の場で、周到に考えられたテーブル・セッティング、席次、椅子の種類にもとづき会食者を序列化し、念入りに準備されたプログラムと礼儀作法で進行した。総料理長・給仕頭以下役目ごとの担当者が忙しく立ち働き、夥しい数・種類の肉や魚介の洗練された料理が出された。「驚き」も準備され、ナプキンを開くと小鳥が飛び出したり、カカオを使った「黒いタルト」やヴァニラ・クリームと果汁を使ったシャーベットなど最新のお菓子も登場した。

また主要な祝祭は、政府の管理下におかれて上流階級子弟の凱旋行列や「黄金時代」の立役者たるメディチ家を称える華々しいページェントなどがメインの行事となり、社会の君主制的秩序の可視化という性格を濃くしていった（公的な祝祭が最初にメディチ家主宰で行われたのは、一五一三年の謝肉祭）。

以上の例から窺われるように、大公時代のフィレンツェのモニュメントや儀礼は、もっぱらメディチ王朝の卓越・偉大さを示す手段であった。一六世紀初頭までは、たとえ見かけだけだとしても共和制の理想が浸透し、身分の上下を問わず、また世代を超えて、偉大な過去（ローマ）の土台の上に輝かしい未来を築くべく、イタリア、否、世界をリードしていくのだという気概があった。それは市民誰もが誇るコムーネとの一体感がもたらしたものであった。だが王権強化のため異端審問制を利用して恐怖政治を敷いたスペインの感化を受け、不健全な物々しさに深く冒された君主制下のフィレンツェには、温和しい人形と化した市民だけが残されることになった。

とはいえ、古代あるいはルネサンスの遺産がその後、まったく活かされなかったわけではないし、その遺産のフィレンツェ的な活かし方は、目を凝らしてみれば、姿形を変えながらもあちこちに見つけることができよう。

マニエリスム絵画の特徴

メディチ家による君主制時代の芸術作品では、まず最初に「マニエリスム」様式が支配的になる。これはルネサンス様式の延長線上にあり、レオナルド、ラファエロ、ミケランジェロらの「盛期ルネサンス」の画業によって極限まで完成された技巧(マニエラ)を駆使して、客観的自然世界を超えた人工美や深遠な観念を表現しようというもので、歪曲された形態、破格の規模などを特徴としている。共和政体の崩壊と君主制の確立の狭間に揺れ動く、途方に暮れた社会にふさわしい様式だともいえよう。ついで一七世紀になると、絶対王政時代を迎えつつあるヨーロッパ諸国に展開したバロック様式が、地味な形ながらフィレンツェにも伝来するだろう。

まずマニエリスムについて観察してみよう。

絵画ではヤコポ・ダ・ポントルモ(一四九四―一五五六/五七)とロッソ・フィオレンティーノ(一四九五―一五四〇)の二人の画家が重要である。二人とも師のアンドレア・デル・サルトを引き継ぎ発展させている。

ポントルモの描く人間たちの身体には骨組みが欠如し、位置関係も不明、しばしば画面に浮いているようである。建物や物体にも堅固な実質がなく、まるでペラペラの書き割りのようだ。色とりどりの衣服やスカーフの存在感がまず圧倒的で、それに翻弄され感情の波に襲われる人物たちは、誰もが身も世もあらず呆然としている。こうした特徴を持つ彼の絵の反自然主義は、たとえばカルミニャーノの教会のために描いた一五二八年の「聖母マリアの訪問」、サンタ・

図 9-1　ポントルモ「キリスト降架」(サンタ・フェリチタ教会)

フェリチタ教会のカッポーニ礼拝堂にある「キリスト降架」(一五二五—一五二八)、ウフィツィ美術館に所蔵されている「聖母子と幼児聖ヨハネ」(一五二九)などに明瞭であろう。

ロッソも、抽象的な色彩パターンをそれ自体のために工夫しているかのように思われる。人物の不自然で不可解な位置と姿勢、形態の細分化による人物像とモノの奇妙な歪み、鮮烈な色彩の組み合わせなどが特徴である。「聖母子と四聖人(オンニサンティ祭壇画)」(一五一八)、「キリスト降架」(一五二一、ヴォルテッラ市立絵画館蔵)、「モーセとエテロの娘たち」(一五二三頃、ウフィツィ美術館蔵)などがロッソの代表作である。

この二人の初期マニエリスム絵画の代表者による祭壇画は、遠近法に則った写実的・自然主義的なルネサンス絵画とは大きく異なる。奥行きも広がりもない空間は切り刻まれ、身体表現は異様な伸び縮みや歪曲に溢れていて、ルネサンス的秩序はきっぱりと否定されている。秩序を確認する手段であった遠近法ピラミッドの発出点たる「目」が、その絵では狂気に近づいている。錯乱しているのか法悦に浸っているのか、目は白目を剝きギョロリと上目遣いになるか、たんなる黒い空洞と化して、内面を物語ることも観者に語りかけることもない。彼らの絵には、原因不明の不安感や崩壊感覚が滲み出ている。ルネサンスの秩序が――そして民主的な共和制も――じつは空虚な「フィクション」であったというメッセージであろうか。

ポントルモの弟子アニョロ・ブロンジーノ(一五〇三―一五七二)は、師の異様に神経質な表現法とは別種の新たなマニエリスムの道を切り開いた。彼は何よりも、コジモ一世夫妻とコジモを取り囲む貴族たちの、無表情で凍りついたような見事な肖像画を多数残したことで知られている(「エレオノーラ・ディ・トレドと子息ジョヴァンニの肖像」一五四五頃、「ルクレツィア・パンチャティキの肖像」、いずれもウフィツィ美術館蔵)。これらの肖像は、つるつるした磁器のような驚くべき光沢と滑らかさを備えているが、個性は圧殺され、自由に感情を表せないかのようだ。写実的ではあるが反自然主義的で、非人間的な官僚機構を着々と構築しつつあったこの宮廷の雰囲気に即応している。

図 9-2　ブロンジーノ「ルクレツィア・パンチャティキの肖像」(ウフィツィ美術館)

肖像画以外の彼の傑作「愛のアレゴリー」(一五四〇/四五頃、ロンドン、ナショナル・ギャラリー蔵)では、ヴィーナスは上半身と下半身が不自然に捩れ、立っても坐っても跪いてもいない。彼女と息子のクピド、「悪戯」を象徴する嬰児、そして「時間」を象徴する老人などのひねくれ歪んだ人体の入り組み、そして色遣いの妙を、観者は宝石を鑑賞するかのように、あるいは騙し絵を解き明かすかのように、ためつすがめつ見るしかない。エロチックな絵のはずなのに、大理石のように冷たく、雪花石膏のような白肌は鮮明に輝くが表層的で、血が通った感じがない。ディテールは写実的なのに、組み合わせは反自然主義の抽象になっているのである。

コジモ一世の後を継いだフランチェスコ一世は、憂鬱質で内向的な性格で、自然の驚異、錬金術に夢中になり、ヴェッキョ(ドゥカーレ)宮殿の「ストゥディオーロ」と呼ばれる小部屋の制作に執心した。その結果、ボルギーニやヴァザーリ、そしてその数多くの弟子たちによる後期マニエリスムの代表作品たる四六点の油彩画——錬金術やギリシャ神話、自然の四大元素や人間の四体液、あるいは奇怪な工芸技術に関わるテーマのもの——がこの小部屋に残された。

一見して異様であるかどうかはともあれ、マニエリスム絵画は、古典的ルネサンスの調和や比例、自然の理想的形態への信頼が失われたところから発している。だが「美」の理想までもが放棄されたわけではない。むしろ芸術家は、感覚を研ぎ澄まし技法をマスターすれば、現実を超えた極美の世界を実現できるのだ、との矜持を抱いていた。かつてルネサンス様式の市民芸術がフィレンツェで花開いたのは、共和制のもと、アルテ、兄弟会、修道院、隣組、親族組織などの「社団」が政治や社会の基礎となり、また都市貴族から小商人や職人にいたるまで、市民たちが自分の家族の名誉を都市の名誉に重ねることができたからだろう。そうした政治的・社会的基盤が失われたとき、芸術は特権的な君主・貴族の美意識と異教の玄義の知的探索に奉仕するものになったのである。

もうひとつ、キリスト教と芸術との関係の変化もここには作用していよう。一六世紀初頭、ルターやカルヴァンらプロテスタントの出現により、カトリックはヨーロッパ内でさえ普遍的な宗教とはいえなくなった。宗教改革と対抗宗教改革の時代のフィレンツェでは、教皇との親密な関係もあり、説教・祈禱・歌謡・典礼・聖史劇などを通じて、ヒエラルキー遵守の霊的・道徳的生活が市民たちに教え込まれたし、何人ものカリスマ的な聖女（ドメニカ・ダ・パラディーゾ、カテリーナ・デ・リッチ、マリア・マッダレーナ・デ・パッツィ）を生みだしもした。

だがプロテスタントに抗して、信仰生活における聖画像の価値を再確認する一方で、逸脱したイコノグラフィーを糾弾したことが、皮肉にも宗教的価値からの美術の独立を促進し、ルネサンス期にはまだキリスト教的ヒューマニズムが染みわたっていた人間観・世界観とその表現を、絵画や彫刻から奪い去ったのかもしれない。

彫刻と建築のマニエリスム

彫刻では、ミケランジェロがフィレンツェにおけるマニエリスムの代表者と目されている。ミケランジェロは一五二六—一五三三年頃、サン・ロレンツォ教会「新聖具室」のヌムール公ジュリアーノとウルビーノ公ロレンツォの二つの墓を彫刻で飾り、傑作を残した。「曙」と「夕暮」(ロレンツォ)、「昼」と「夜」(ジュリアーノ)の寓意像である(口絵参照)。彫られた人物たちは身を捩り、落ち着かない居心地の悪そうな姿勢で、慰めようのない不幸を表している。

図 9-3　ミケランジェロ設計のラウレンツィアーナ図書館玄関*

ラウレンツィアーナ図書館の玄関の間もミケランジェロが設計し、後にバルトロメオ・アンマナーティが一五六〇年に完成させた。その階段は流れるような楕円曲線を描き、圧縮と拡張の組み合わせによる壁の造形は、ダイナミックな特徴を帯びている。具体的には、外に面していない窓、壁の中に引っ込んだペアになった円柱、浅くて設置物のない壁龕、何も支えない持ち送り、窓を枠づけるヘルメス柱像……などが活用されているのである。

ところでより大がかりなマニエリスム彫刻・建築は、メディチ家のヴィラに実現した。それはたとえば、一四七七年にメディチ家の所有になり一六世紀に大きく手を加えられたフィレンツェ北西郊外のカステッロのヴィラや、一五六九年、まだ公子だったフランチェスコ一世がフィレンツェ北東郊外の丘の土地を購入し、建築家にして技師・デザイナーでもあったベルナルド・ブオンタレンティ(一五三一―一六〇八)に建設を依頼したプラトリーノのヴィラなどである。

これらのヴィラには、内部がいくつもに仕切られ窪みを設えられたグロッタ――内部が空洞=グロッタになっている巨大彫刻「巨人(アペンニーノ)」は今でもプラトリーノに残っている――、迷路、橋などが備わり、大地・海・川の神々やニュンフやサテュロスなど、古代風の人物像、動物も据えられている。遠くの山から引かれた水で、噴水が噴き出すばかりか、像が踊り出し、楽器は鳴り出すなどあらゆるタイプの機械仕掛けがあった。

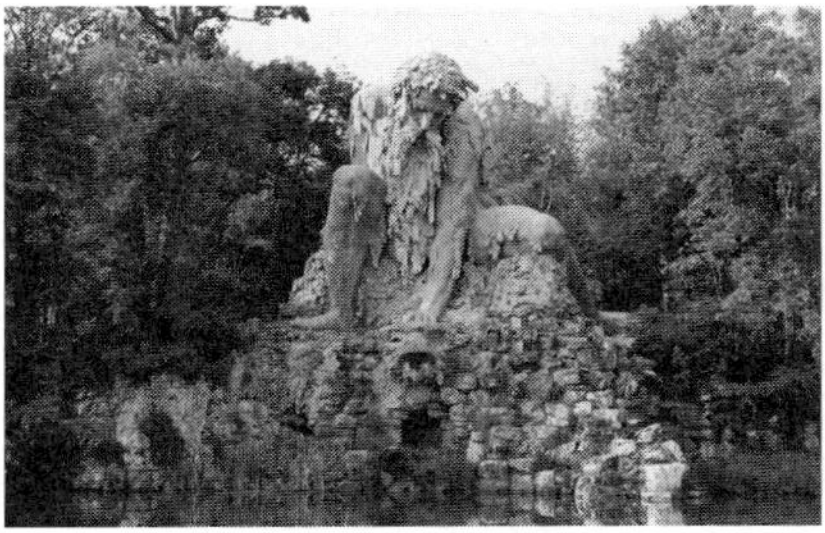

図9-4 ジャンボローニャ「巨人(アペンニーノ)」(ヴィラ・プラトリーノ, 現ヴィラ・デミドフ)

もうひとつ、ピッティ宮殿の後ろにある「ボーボリ庭園」(口絵参照)の改造も、マニエリスム時代を考える上で見逃せない。トリーボロ、アンマナーティ、ブオンタレンティ、ジャンボローニャという歴々たるマニエリスムの巨匠が造園に携わった。工事はコジモ一世時代に始まったが数十年かかり、完成したのはフェルディナンド一世時代であった。

これらマニエリスムのヴィラや庭園は、豊饒なる自然の補完物ではなくて、人を驚かす壮観なる空間であり、装飾的刈り込みの樹木や草花の造形と池や噴水、グロッタやさまざまな機械仕掛けによって、新たな自然世界を創造した。まさにおとぎの国、先駆的ディズニーランドとも評せようか。ただしフィレンツェ市民が楽しむ遊園地ではなく、あくまで君主である大公とその家族、そして貴族たちのものだが。

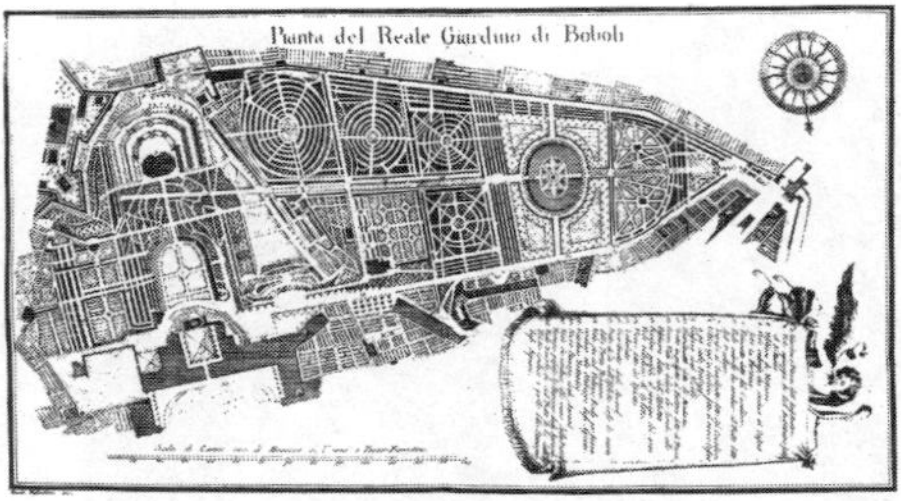

図 9-5　ボーボリ庭園の平面図(18 世紀)

純粋主義のバロック

一七世紀はバロックの世紀である。ピッティ宮殿の諸広間の装飾のためにローマから招聘された、ピエトロ・ダ・コルトーナ(一五九六―一六六九)の華麗でダイナミックな寓意的神話画が大いに人気を博したのは確かだが、この時代に活躍したフィレンツェの画家たちの作品には、むしろパステルのような色合いの清々しさと軽快で流れるような色彩感、気品ある線描や明暗法による溌剌たる雰囲気が溢れている。まさにマニエリスム的なバロックであり、ルネサンス的なバロックだともいえよう。詩人・批評家のピエロ・ビゴンジャーリの言葉を借りれば、「感情的バロックというよりも心理的バロック、いわゆる内破するバロック」である。フィレンツェでは一七世紀になっても、「純粋主義」つまり「純粋、単純、自然」puro, semplice, naturale の三つが絵画における守るべき原理とされて、知性やモラルの純粋さを濁らすような人工的な行き過ぎを避けるよう勧奨されたのだ。ルネサンスの伝統が濃厚に残るフィレンツェならではだろう。

同様にフィレンツェでは、建築分野でもローマや南イタリア、あるいはトリノにおけるバロックとは異質の展開を見せた。ブオンタレンティの弟子・協力者でマニエリスムの伝統を継ぐマッテオ・ニジェッティ、ついでゲラルド・シルヴァーニ、遅れてはジョヴァンニ・バッティスタ・フォッジーニらに染みついていたマニエリスム的芸術性は、フィレンツェのバロックに独特の性格を与えたのである。

伝統に縛られない独自の部材組み合わせで壁面を構成することもあった。際立った例はオンニサンティ教会のファサード（一六三七）とテアティーノ会のサンティ・ミケーレ・エ・ガエターノ教会である。後者の教会内外のレリーフと彫像は、一七世紀フィレンツェの新たなスタッコ（細工）文化の驚くべき例といってよいだろう。ほかにコジモ三世時代に、バロック的な豪奢を求めた装飾がいくつかの教会内部に施されたり、よりダイナミックで劇的効果を追求した新築・改築がなされることもあったが、そこにはバロック特有の波打つ壁もなければ、天窓からの明かり取りもないし、楕円への嗜好も見られない。

ローマにせよパレルモにせよあるいはトリノにせよ、バロックの時代には、都市全体の展望を劇的に変える壮大な建築事業が行われたが、フィレンツェには、あまりにも完成度の高いルネサンス建築が各所に残っていたゆえに、小手先の変更しかできなかったのだろう。

アカデミーの時代

上に述べたように、コジモ一世をはじめとする歴代の大公たちは、儀礼や芸術を自らの栄光の演出に使ったが、それと並行して、学者・芸術家が権力者に反抗しないように彼らを「宮廷人」化させようとした。これは彼らを国家の庇護下において財産と地位、そして名誉を保証する代わりに、規制・監視しようとの策である。そのための「装置」こそアカデミーであった。アカデミーはフィレンツェが先例となって、絶対王政下のヨーロッパ列強においてもつぎつぎ設立されていく。

学者らの私的な会合としてのアカデミーは、老コジモが創始しピコ・デッラ・ミランドラやフィチーノが参加したことで知られるプラトン・アカデミーをはじめとしてルネサンス期にもあったが、その公的制度化を推進したのは、コジモ一世がはじめてであった。宮廷を頂点とする政治・行政の世界でそうであったように、やがてアカデミーでも官僚階級が数を増して幅を利かしていき、その結果、それは宮廷の一種の付属機関になる。

一六世紀に誕生した代表的なアカデミーは以下の三つである。

まず一五四〇年に成立したのは「アカデミア・フィオレンティーナ」Accademia Fiorentina（当初はアカデミア・デッリ・ウミディ）であった。これは人文主義者で歴史家・詩人でもあるベネデット・ヴァルキ指導のもとに創られたもので、ダンテやボッカッチョを擁した町としてフィレンツェの文学活動を振興させ、トスカーナ語をイタリア全土の標準言語として整え広めるための公的機関になった。本部はヴェッキョ（ドゥカーレ）宮殿におかれた。メンバー——有名な文学者・知識人のほか、聖職者、コジモ一世の側近など——は俗語の文章を創作するとともに、ペトラルカ作品を講読した。

このアカデミーはフィレンツェ大学といわば一体化して、その中で公開講演ができたし、また学会の会長が大学の学長を兼ねていた。優れたイタリア作家に名誉・賞を与える任務も負った。一五四七年コジモの意志で改革が行われ、より堅固に君主および国家に結びつけられた。

ついで一五六三年には、おなじくコジモの後見下に当時の美術界の重鎮であったヴァザーリによって「美術アカデミー」Accademia del Disegno が創設された。その目的には芸術家をアルテ規制から解放して、建築・彫刻・絵画のあるべき姿の方針を決めること、なおかつ、他の臣民にくらべ自由気儘な芸術家たちを登録し、宮廷に服する専門家集団として統制することも目指された。本アカデミーは、芸術と教育のリベラルな理想を追求する機関として今も存在しつづけている。

第三は一五八二年に創られた「クルスカ学会」Accademia della Crusca である。これは、純正なイタリア語を定めるための辞書編纂を目的としていた。本学会はイタリアじゅうの言語・文学の審判者を自ら任じたが、何よりフィレンツェの言語の権威を守ることに力を尽くしたので、シエナの聖女カテリーナがボッカッチョより良い文章書きだ、と唱えた劇作家を大公領から追い出したほどである。『クルスカ学会辞典』は、初版が一六一二年に出来、その後版を重ねている。とくに一七二九―一七三四年に、一五年かかった改訂作業の後、第四版を分厚い六巻本で出版したことが大きな成果だった。

なお類似の目標で設立されたアカデミーが他にいくつもあり、その多くが文学を中心に、学問全般を講演・討論をつうじて盛り立てていこうとしていた。たとえば一五八六年に出来た「アルテラーティのアカデミー」は、ダンテとボッカッチョの註釈とトスカーナ語の純粋さの維持とを目的にしていた。

ガリレオの活動と科学アカデミー

すでにルネサンス期のフィレンツェには、数学者で地図制作者のパオロ・ダル・ポッツォ・トスカネッリ（一三九七―一四八二）、数学や幾何学だけではなく、解剖学にも興味を持って人体描写に生かそうとした画家たち、さらに時代を先取りする発明品を考案したレオナルドらがいたが、こうした伝統があったからだろう、メディチ大公時代にも、ブオンタレンティをはじめとして、神に代わって自然を加工しようと、驚異の庭園を手がけた技師・建築家たちが大活躍したのである。

だが近代自然科学により直接繋がっていく出来事もフィレンツェでは起きた。ガリレオ・ガリレイ（一五六四―一六四二）にまつわるものである。パドヴァ大学教授であった彼は、自らの手で作った望遠鏡による観測をつづけて、一六一〇年、木星を周回する四つの衛星があることを発見した。彼はそれを「メディチ星」と命名して『星界の報告』という書物にまとめ、フィレンツェのコジモ二世に捧げた。これが縁となり、ガリレオはピサ大学数学科教授に任命されるとともに、宮廷お抱えの数学者兼哲学者としてフィレンツェに招かれた。

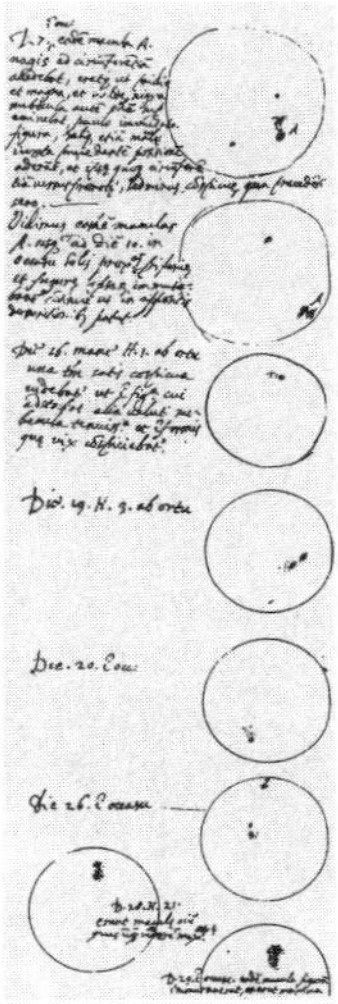

図 9-6 ガリレオ『星界の報告』より

彼は自分で多数の望遠鏡を組み立てたが、フィレンツェには金属やガラスを扱う熟達した職人――たとえばヴェッキョ橋の上の貴金属商のバスティアーノ・グィディやガラス職人アントニオ・ネーリ――がいたので都合がよかった。そこでコジモ二世およびフェルディナンド二世の保護のもと、彼は年金を受け取りながら一六一〇年から一六四二年まで――途中ピサ、パドヴァ、ローマなどにも行ったが――フィレンツェないしその郊外に滞在したのである。彼は嫉妬や異端容疑に苦しめられながらも天体観測を重ね、実験を行い、天文学・物理学の著作をまとめた。

一六五七年には、エヴァンジェリスタ・トッリチェッリとヴィンチェンツォ・ヴィヴィアーニが、ガリレオの研究方法を受け継ぐ「科学アカデミー」Accademia del Cimentoを創設し、それをガリレオの弟子を自任するフェルディナンド二世と弟の公子レオポルド(枢機卿レオポルド・デ・メディチ)が認可した。会合は通常ピッティ宮殿で行われた。一七世紀末のヨーロッパには多くの科学アカデミーが設立されたが、その劈頭を飾るのがこのフィレンツェの科学アカデミーであった。

ここにはイタリア最高の科学者たちが集まり、またホイヘンス、キルヒャー、ニールス・ステンセンら外国の科学者も通信会員となった。会員たちは多くの実験を行ったが、それは主に温度測定法、気圧測定法、圧縮空気などの領域においてだった。一六六七年には学会は集会を休止し、その年、事務長として尽くしてきたロレンツォ・マガロッティが学会の活動報告書をまとめた。新たな君主たるコジモ三世が科学の重要性を理解しなかったため、一六七〇年以降になるとこの町の科学研究は衰退してしまう。

ロレーヌ家とハプスブルク家の時代（一七三七―一八六〇年）

一七三七年、最後のメディチ家の大公ジャン・ガストーネが亡くなると、後継ぎがいなかったため、列強の話し合いでロレーヌ（ロートリンゲン）公フランツ・シュテファンがトスカーナ大公に選ばれた。フィレンツェは何世紀も守ってきた独立自由を、今まさに失おうとしていた。フランツはハプスブルク家のマリア・テレジアの夫で、一七四五年に神聖ローマ帝国皇帝に選ばれた。そしてウィーンに居住したため、トスカーナ大公国は「摂政評議会」をはじめとする評議会とロンバルディア人を中核とする軍の支配下におかれ、また大公領は正式には帝国領に組み込まれたわけではないにせよ、実質上オーストリアの一地方、神聖ローマ帝国の衛星国になり下がってしまった。

トスカーナ大公国が帝国からの独立を取り戻すのは、皇帝フランツが一七六五年に死去した後、大公国を三男ペーター・レオポルト（ピエトロ・レオポルド）が相続したときであった。レオポルドは、四半世紀にわたり「啓蒙専制君主」の理想を掲げて、司法・農業・商業などの分野でつぎつぎと進歩的施策・合理的改革を断行した。そしてこの明敏な帝王を脇で支えるのは、かつてのように大土地所有者ではなく、大学教授・法律家・開明的聖職者などであった。レオポルドは歴史学・経済学・自然科学などの学問を梃子に、社会の進歩を目指した。当然、中世・ルネサンス期フィレンツェの輝かしい知的伝統が思い起こされた。科学にもとづいた農業振興のため「農芸学会」が新たに創設され、国立古文書館でも蔵書目録作成など、分類・整理が進んだ。ピッティ宮殿近くには、一七七五年にヨーロッパ最初となる科学博物館が出来た。

大公は、旧弊な仕組みで労働と商品流通の自由を阻害して経済の発展を阻んでいたアルテを廃止し、また増えすぎた修道院や兄弟会などの宗教団体を整理して、余った土地に施療院や教育施設を新設した。一七七〇年には、イタリア最初の商工会議所も創られた。こうしたもの以外にも、多くの公園や公共建築物の新築・改築があり、道路舗装や下水設備の維持管理も公共の事業として進められた。都市計画は規則性と合理性を都市構造にもたらした。ランプと反射灯で町を明るくしようとした事実が、「啓蒙」の時代を象徴していよう。

一七九〇年、そのレオポルドが神聖ローマ帝国(オーストリア)皇帝になると、次男のフェルディナンド三世が大公となって後を継いだ。折しもフランス革命でヨーロッパじゅうが大動乱を迎えていた。新大公は、対仏大同盟に加わらないなど変節とも見える多くの外交努力をしたにもかかわらず、一七九九年のナポレオン率いるフランス軍によるトスカーナとフィレンツェ占領を防げなかった。一八〇一—一八〇七年にはフィレンツェはエトルリア王国の首府となったが、実態はナポレオン帝国の小さな「県」のひとつの首府にすぎなかった。一八〇九年には、ナポレオンの妹のエリザ・バチョッキがトスカーナ大公国の女大公となり、ナポレオン法典、中央集権的行政組織、道路網整備、税制、徴兵などフランス流制度がもたらされた。

ナポレオンが失脚して一八一四年にフェルディナンド三世が復帰、硬軟織り交ぜた政治をするが、フランスの支配中に自由思想を身につけていたインテリたちは、オーストリア政治に靡く大公にも反対するようになり、フィレンツェの人心は大公から離れていった。一八二四年に彼を継いだのは、次男のレオポルド二世（在位一八二四―一八五九）であった。その治世中には、イタリアにも産業革命の波がようやく押し寄せ、トスカーナではフィレンツェとリヴォルノ間の鉄道建設が始まり、一八四八年に完成した。

だが同年、フランスに発してヨーロッパを揺り動かす革命の嵐はイタリアにも吹きつけ、各地でオーストリアへの反乱が勃発した。第一次イタリア解放戦争である。しかし教皇とナポリ王が解放軍から脱落するや、立憲運動・自由主義的統治に理解を示していた大公レオポルド二世も反動化し、あらゆる宗教の市民に十全な権利を保障した四八年憲法が破棄されてしまう。そしてフィレンツェは、再びオーストリアの一部に組み込まれた。

だがその間も、サルデーニャ王国をリーダーとしてリソルジメント（イタリア統一運動）が推進され、一八五九年四月、オーストリアからの解放を目指して第二次イタリア解放戦争の火蓋が切られた。立場上中立を宣言したトスカーナ大公だったが、大公国の民の大半はイタリア統一に力を貸したいと願っていた。三色旗を持った群衆がピッティ宮殿に押し寄せ、退位を迫られたレオポルドは、四月二七日にフィレンツェから退去した。

フィレンツェでは大公による正式の退位・支配権放棄のないまま暫定政府が出来、サルデーニャ王国およびフランスとともにオーストリア帝国との戦いに加わった。一八六〇年三月、国民投票でトスカーナをサルデーニャ王国と一体化する決議がなされ、四月一六日にはヴィットリオ・エマヌエーレ二世がフィレンツェ入りした。翌年二月にはそれまであった広範な自治権も失い、一〇月には制度的に統一成ったイタリア王国に組み込まれた。

一八六一年九―一二月にはイタリアにおける第一回国内博覧会がフィレンツェで開かれ、各地方の物産が集められたことも注目に値する。同年、サルデーニャ王国ついでイタリア王国で政治家・外交官として仕えてきたタパレッリ・ダゼッリオは、フィレンツェは、イタリア最後の文明の源にしてイタリア語の故郷であるゆえ、首都にふさわしいと述べたが、一八六五年、それが現実のものになるのである。

自由と進歩の知的センター

ところで最後のメディチ大公ジャン・ガストーネ時代(一七二三―一七三七)の評判は、一般的にすこぶる悪い。政治はバラバラで最低、経済も沈滞し、知的な退廃もあるとなれば、長所はひとつもないかのようだ。しかしこうした評価は一方的すぎ、むしろ彼は快楽に溺れた愚かな君主でなく、新たな公論の場を開いて文化革新に大きく貢献した君主だったとの見解も現れている。貧民救済やユダヤ人保護、政治警察廃止、政治に干渉するカトリック勢力への牽制のほか、ピサ大学を中心とする文化生活、(ガリレオのような)実験的方法の伝統の増強を狙う改革、言語文献学・考古学の重視、自然法とローマ法の研究などが、この時代に推し進められたからである。

すでに一代前のコジモ三世時代の一七一六年には、大公の忠臣で旅行家のアントニオ・ミケーリにより、「フィレンツェ植物学協会」が創られていた。ジャン・ガストーネ時代に入り、フランスの物理学者・哲学者ガッサンディの作品集(一七二七)や、前述の『クルスカ学会辞典』第四版も出版された。また文化財に関わる考証・史料調査の方法を究めるべく「ハト小屋協会」が貴族・文学者らによって結成された(一七三五)。他方でアカデミア・フィオレンティーナや自由学芸愛好家が一六三五年に設立した「アカデミア・デッリ・アパティスティ」も活発に活動をつづけていた。他にも多くの協会や私的結社が文化目標を掲げて創られた。こうした組織の林立で、人文主義的なアカデミズムが市民たちに根付いていったのである。

このような権力を掘り崩すような文化活動を許し、自身まわりに異端的な文人を集めさえしたジャン・ガストーネは、メディチ家の独裁政治にとっては自殺行為を犯した人物と評価されるかもしれない。だが中世・ルネサンス期に遡るフィレンツェの輝かしい文化的伝統を近代に移植するきっかけを作ったのは、大きな功績だろう。当時かつての共和制への憧れとともに反貴族への志向性が高まり、そのための新たな市民団体の苗床が、私宅、書店、図書室、郊外のヴィラ、カフェ、シトロン・ジュース店などに、夥しい数、出来た。とりわけ名が知られたのは、まさに市のど真ん中のカルツァイウオーリ通りにある「カフェ・デッロ・ズヴィッツェロ(スイス人カフェ)」、ホテル「ポルタ・ロッサ」、ポル・サンタ・マリア通りの「カフェ・ディ・パノーネ」などであった。こうした進取の気風の広がりで、それまで宮廷から放射して社会に広まっていたスペイン風の習俗は徐々に消えていった。

図 9-7 カフェの様子(19 世紀)

このような教養人の新たなサークルや民衆の声が作られるクラブなどには、フリーメーソンも多く集まった。当初フリーメーソンには土地貴族が積極的に参加したが、一九世紀になると小さな事業経営者や土地所有者が中心になり、さらにイタリア統一(一八六一)後は台頭する小ブルジョワらが主流となった。フリーメーソンは広い層の市民と結びついて連帯を広げ組織化を図ることにより、カトリックと結託した土地貴族らの経済・政治・文化ヘゲモニーに罅割れを起こそうとしたのである。現在でもフィレンツェ県にはフリーメーソンとそのロッジ（支部）が非常に多いことが知られている。「イタリア大東社」のロッジが四四、「イエスの広場」のロッジは二六を数えるという。その伝統は、ジャン・ガストーネ時代に遡るのである。

一九世紀に入って、イタリア独立の理念が知識人たちの間で話題になったが、比較的寛容な雰囲気が広がっていたフィレンツェでは、外部からも自由主義者あるいは文学者らが、難を逃れてやって来た。一八一九年には、スイス人ジョヴァン・ピエトロ・ヴュスーによって「ガビネット・ヴュスー」がサンタ・トリニタ広場のブオンデルモンティ邸館に作られた。

図 9-8　ガビネット・ヴュスー

これは知識人たちの一種の回覧図書室兼談話室で、各国語の新聞・雑誌・書物が取り揃えられ、文学と科学の講義や議論が行われた。フィレンツェ市民以上に外国人とりわけイギリス人とアメリカ人に人気があった。フィレンツェがまさに国際色豊かな文化都市――当時「イタリアのアテナイ」とも呼ばれた――になるのに、このサロンは大いに貢献した。イタリア各地からも意気盛んな若い知識人が集まって議論を戦わせた。当談話室での議論と思想をより広く世間に知らせるため、自由主義の雑誌『アントロジーア』が一八二一年に刊行されたが、一八三三年には、オーストリア当局の圧力で廃刊に追い込まれてしまった。

いずれにせよ、中世・ルネサンス以来の特別な知的伝統のおかげで、一八―一九世紀前半の時期のフィレンツェはイタリアの、否、ヨーロッパの知的センターのひとつとなり、多くの外国知識人の旅行先、一時的滞在場所に選ばれた。

音楽の都としてのフィレンツェ

本章の最後に、大公時代のフィレンツェが世界に誇る文化活動として、音楽を取り上げよう。フィレンツェでは、すでに一四世紀には中世音楽の新様式「アルス・ノーヴァ」の運動が起こり、ヨーロッパでも有数の音楽センターとなっていた。そしてオルガン奏者のフランチェスコ・ランディーニによる「バッラータ」、ジョヴァンニ・ダ・カシアの作曲した「マドリガーレ」などの世俗音楽が多数、日の目を見た。それと並んで、より民衆的性格の濃い宗教歌謡ラウダ、謝肉祭歌、仮装祝典曲、ファルサ(一幕物の喜歌劇)、トリオンフィなどが一五―一六世紀にかけて発展していった。ラウダ兄弟会については第五章でもふれたが、一五―一六世紀にはプロの歌手やオルガニストを雇って、本格的なポリフォニーを演奏するようになっていった。

一六世紀末には、バルディ家の音楽サークル「カメラータ」Camerata fiorentina の活動が始まり、そこに集った文学者・音楽家らの努力により、それまで何世紀も栄光に輝いていたポリフォニーのスタイルに替えて、言葉と音のギリシャ的調和が再建され、伴奏つきの単声部楽曲が好まれるようになった。近代的ハーモニーの本質的要素になる「調性」と呼ばれる新たな音の組織化が生まれつつあったのだ。ジュリオ・カッチーニやヤーコポ・ペーリが当時のフィレンツェの代表的な作曲家である。

そして一五九八年の謝肉祭に際して、コルシ邸館でオッタヴィオ・リヌッチーニの台本とペーリの音楽からなる「ダフネ」が上演されたのが、世界史上初のオペラ上演とされる。ただし最近では、大天使ラファエロ兄弟会により一五八五年に音楽対話劇が上演されたのが最初との説もある。

もちろんメディチ宮廷も音楽の中心地のひとつで、歌曲・器楽曲・舞踊曲などが盛んに演奏された。一七世紀前半メディチ家に仕えたフランチェスカ・カッチーニは、傑出した女性作曲家である。メディチ家は演劇にも力を入れ、メディチ邸館やヴィラ、屋外の広場・庭園などもその会場になったが、一五八六年にはウフィツィ宮殿内に三〇〇〇―四〇〇〇人収容できる自分たちの常設劇場を誂えた。

一七世紀半ばから後半のフィレンツェでは、演劇アカデミーの創設、ココメロ劇場とペルゴラ劇場の建設、フェルディナンド二世によるオペラの積極的保護・普及活動……などが目立っている。また次世紀にかけてバイオリンの演奏技法が発達し、フィレンツェは、フランチェスコ・マリア・ヴェラチーニらの優れたヴァイオリニスト兼作曲家を生み出した。また一八―一九世紀にかけて活動したルイージ・ケルビーニもフィレンツェ生まれで、オペラ作曲家として主にフランスで活躍した。

フィレンツェでは、一八世紀末に新古典主義的な音楽理論が幅を利かして多くの作品が創られ、コンサートで実演された。九月と、一月の公現祭には五つの劇場で、それぞれオペラ・シーズンが始まった。他の季節でも、まったくリサイタルやオラトリオのない日はなかっただろう。それはメディチ大公支配下の時代のような宮廷音楽ではもはやなく、ポピュラーな音楽になった。一九世紀には室内楽コンサートが花盛りで、コンサートやコンクールを組織する音楽文化団体・機関が叢生した。二〇世紀初頭から現在もつづく国際的な文化行事である「フィレンツェ五月音楽祭」は、メディチ家とロレーヌ家の音楽伝統、とくにペルゴラ劇場でのオペラ上演を引き継いでいる。

第10章

近現代の苦悩と輝き

1861年から

サンタ・マリア・ノヴェッラ駅(中央奥)とサンタ・マリア・ノヴェッラ教会(手前)　Getty Images

フィレンツェは、イタリア国家統一とともに自治都市でも君主制領域国家でもなくなり、二〇州のひとつトスカーナ州の首府にしてフィレンツェ県の県庁所在地として、新たな道を歩み始めることになった。だから「フィレンツェの歴史」といっても、今後は、イタリアの歴史の一部であり、あるいは文化現象についてはヨーロッパ全体の潮流の一部にすぎないことが多くなる。

イタリア王国の首都へ(一八六五—一八七一年)

一八六一年三月、ヴェネツィアとローマ(教皇領)を除いたイタリアの諸地域がサルデーニャ王国に統合され、ほぼイタリア半島全体と島々がひとつの王国になった。フィレンツェももちろんそこに含まれていた。問題はローマの扱いだった。一八四八年革命の影響で混乱を来していたローマで、マッツィーニがローマ共和国成立を宣言したとき、ローマには一八四九年七月以来、教皇ピウス九世(在位一八四六—一八七八)の要請でナポレオン三世が派遣したフランス軍が進駐していた。このローマ駐留フランス軍撤退の条件として、イタリアはローマを新国家の首都として要求しないという協定が、一八六四年九月にフランスのフォンテーヌブローで結ばれた。そのため半年以内にトリノからフィレンツェへと、新生イタリア王国の首都を移転することが定められ、実施に移されたのである。

首都移転とともに、トリノから大量のピエモンテ人官僚とその家族が小さな町フィレンツェにやって来た。約一五万の人口が一気に三万人増えたことになる。王宮と諸官庁をどこにするか、増えた人口の住居をどうするか、喫緊の課題であった。王宮はピッティ宮殿に、議会と外務省はヴェッキョ宮殿に、内務省はメディチ邸館に、さらには大きな修道院（サンタ・クローチェ修道院、サンタ・マリア・ノヴェッラ修道院）なども官公庁に衣替えした。

新参者の住居を確保するために、大規模な都市整備・改造が行われた。大仕事を任されたのは、才能ある建築家ジュゼッペ・ポッジ（一八一一―一九〇二）であった。彼は同時代に進行していたセーヌ県知事オスマンによるパリ改造計画を参照し、「リサナメント」（再開発）と称される都市改造を遂行した。市壁の外三キロの地点までを都市域として併呑し、その面積は六平方キロから一気に四四平方キロに拡張した。またアルノ川右岸の一三―一四世紀の市壁を取り壊して、広い環状道路と並木道を通した。さらにミケランジェロ広場およびベルヴェデーレ要塞を造成し、市街地を一望できるその場所に通じるすばらしい散歩道「ヴィアーレ・デイ・コッリ」も造った。

市の中心部では、とくに旧市場周辺が大がかりな再開発の対象となった。そこには入り組んだ路地に沿ってボロボロの商店・家屋のほか、貴族の邸館・塔、アルテ本部そして元ゲットーの無法地帯がずっと残っていたからである。それらを取り壊して大きな広場が造られた。すなわち現在の「レプッブリカ広場」である。この再開発で二六の街路、二〇の広場、二一の公園、三四一軒の家、四五一軒の工房・店舗、一七三の倉庫が壊された。そして一七七八家族、五八二二人が強制移住させられた。さらに都市美化のため未完成だった古い建築物を完成させた。ドゥオーモはファサードを備え、サンタ・クローチェ教会は鐘楼を得た。ガス灯が街路に普及していき、夜も明るくなっていった。

都市改造工事は一八六五年に始まり、五年後には都市景観は一変した。その後一八八八年三月に「フィレンツェ中心部再整備」プロジェクトが承認され、さらに一〇年くらいして再開発はほぼ完了した。イタリアの首都は、後述のように一八七一年にはローマに移ってしまったので、ピエモンテ人官僚に関わる住宅問題はとっくに解消していたのだが……。

ところでフィレンツェ人の胃袋というべき市場は、何世紀にもわたって旧市場にあったことは第七章で述べた。しかし再開発後は、市場はサン・ロレンツォ教会の北東部に移された。新市場計画は建築家ジュゼッペ・メンゴーニに任された。彼はパリのレアール市場の鉄骨・ガラス製のパヴィリオンと、自身携わった経験のあるミラノのガッレリーアを参考に設計した。そして一八七四年、鉄・ガラス・木材で造られ、上部には大きく窓が開かれた、高さ三〇メートルほどの広闊な明るい空間が出来上がったのである(口絵参照)。鉄のアーチの周りを飾る洗練された植物文様が魅力である。完成の二年後、本来の市場として開場した。

イギリス人の都

一九世紀半ば前後から、フィレンツェは外国人旅行者の憧れの的になる。ヨーロッパ各国の知識人がつぎつぎやって来て、何年も住み着いてコロニーを作った。とりわけイギリス人が多く、一九世紀後半、約二〇万の人口のうち三万がイギリス人であったとの説もある。そしてサロンやティーパーティーが盛んに催された。彼らイギリス人向けの食事(ライスプディング、トースト・パンなど)を提供する宿屋、イギリス人向けの商店も多く開店し、紅茶、菓子、衣料、書物、テニスラケットまで何でも揃った。

一八五五―一八五六年フィレンツェに滞在したフランスの作家ゴンクール兄弟は、フィレンツェを、あらゆるものがイギリス人に微笑みかけている「まったくイギリス人の都市」と見た(『最近のイタリア』一八九四)。だがアメリカ人やドイツ人も多かったようで、おなじくフランスの作家ヴァレリー・ラルボーは小説の主人公をして、フィレンツェは「イタリア・ルネサンス様式で建設された奇妙なアメリカの都市で、ドイツ人が多すぎる」(『A・O・バルナブース全集』

一九一三)と感想を吐かせている。

イタリアが統一国家になってからは、いちだんと多くの外国人がやって来た。この地に想を得て筆を執る作家も多かった。ジョージ・エリオットの『ロモラ』(一八六二/六三)やヘンリー・ジェイムズの『ある婦人の肖像』(一八八一)などがその例である。またイギリス女王ヴィクトリアはフィレンツェが大いに気に入り、三度も訪れている。フィレンツェを訪れた外国人たちは、昼間はカフェやクラブでコーヒーやチョコレートを飲みながら情報交換したり談笑したりし、夜ともなれば劇場で演劇・オペラを鑑賞した。

こうした英米の文人・知識人は、なぜ大挙してフィレンツェを目指したのだろうか。たとえばイギリスの美術評論家ジョン・ラスキンが『フィレンツェの朝』(一八七五—一八七七)で主張した——それを後続のヴィクトリア朝期の文人が無数に反復した——ところでは、フィレンツェは、方向性を見失った北方芸術と、勇気と美徳を欠いていた南方芸術の中間にあって「北方人の熱意を平和の芸術へと導き、ビザンツ人の夢を慈愛の火で燃え立たせた」というような、理想の芸術を生み出す奇跡的な場所と考えられた……ということかもしれない。

おそらく彼を筆頭に一九世紀のたいていの文人には、フィレンツェは実際に暮らしやすいかどうかに関係なく、どこもかしこも美しい快適無比の町と見えたようだ。彼らは町じゅうをあちこちほっつき歩きながら、いたるところに美を見つけ、チマブーエやジョット、ドナテッロやミケランジェロがそこにいるかのように、うっとりと夢想に耽ったのだろう。

　こうして、自分たちの名誉のために美を創造して、日々その意義を語り合い批評し合っていたルネサンス期のフィレンツェ人とはうって変わり、外部に大きく開かれ、記憶と賞翫の美しき都となったフィレンツェでは、外国人の嘆賞の声を聞きながら、当の市民は何を思っていたのだろうか。

アヴァンギャルドのフィレンツェ

　一八七〇年一〇月、住民投票の結果、ローマのイタリア王国への併合が圧倒的多数の賛成で決まり、翌年にはローマが統一イタリアの首都となった。首都の座を明け渡したフィレンツェでは、人口は激減し経済も停滞、一地方都市に戻ってしまった。しかしイタリアの首都でなくなったことはマイナスばかりではない。空き家になった邸館には美術館、学会などが入ったからである。

　なかなか解決しない社会問題が山積するフィレンツェでは、悲惨な状況にあえいだプロレタリアートの労働運動が拡大した。人口が増加していったため、一九〇五―一九一三年までに約二〇〇〇棟の低価格の賃貸住宅が建てられた。

　この時期、文化面では、フィレンツェがイタリアにおけるアヴァンギャルド運動のメッカとなった。すでに一八六四年、フランスの文人イッポリート・テーヌは『イタリア旅行』の中で、「フィレンツェ人は、かつての(ローマ)皇帝配下のアテナイ市民のように批判精神旺盛で才気溢れ、センスの良さ、ソネットやアカデミー、イタリアの規範になっているその言語、さらには文学・芸術領域での有無をいわせぬ判断力などを、誇らしく思っていた。……彼らの才気は生まれつきで、損なうことはできても破壊することまではできない」と述べている。

フランスやイギリスの文人たちが宣伝してくれた効果もあったのだろう、フィレンツェはルネサンス芸術の都として過去の栄光に浸るだけでなく、一九世紀後葉から二〇世紀初頭にかけては、人文主義の母としてその声望を高め、国際的評価を得ていった。そうした中、アヴァンギャルド運動が勃興したのである。フィレンツェに先駆けて、一八七〇年代にすでにミラノの知識人の運動があったが、フィレンツェの運動は一九二〇年代まで継続し、はるかに大きなインパクトを及ぼした。

ジュゼッペ・プレッツォリーニと友人のジョヴァンニ・パピーニ、アルデンゴ・ソッフィチがこの運動の中心的推進者であった。彼らは今ではいささか影が薄いが、当時はダヌンツィオやマリネッティに劣らぬ輝きを放っていた。彼らはこの町の文化レベルをパリ、ウィーン、ベルリン並みに上げることを目標に、一九〇三年に雑誌『レオナルド』を創刊してアヴァンギャルド運動の狼煙を上げた。

その名のもとに集まった若者グループは、大胆で総合的な政治・芸術・文化・哲学を構想した。彼らはコスモポリタンでありつつ、同時にフィレンツェ人としての意識も強烈に抱いていた。というのも、彼らはトスカーナの景観と伝統的な農民生活によって育まれてきた純朴な美徳に心酔していたからだ。資金も少なく、高貴な生まれでもない若者の運動ということで、当時の政治的・知的エリートらには軽視されたが、この運動は、フィレンツェばかりかイタリアじゅうの政治文化を変えていく出発点になった。

『レオナルド』につづいて『ラ・ヴォーチェ』（一九〇八年創刊）と『ラチェルバ』（一九一三年創刊）という二種類の雑誌が発刊され、両誌でフィレンツェを知的威信と文化的名声に導こうとした。たしかにこれらの雑誌には、懐疑的で知的なヴァイタリティーが漲っていた。

雑誌に集った若者たちによれば、一九世紀のフィレンツェにあったのは、古くさく無能な貴族エリートが「穏健主義」moderatismoを後援した文化に過ぎなかった。それは「市民社会」に接近しようとする者の出現を阻み、その結果、一九世紀末葉には公共空間はますます後退して、いびつな近代化が姿を現した……ということである。それをアヴァンギャルド運動は打破しようとしたのだ。誇大妄想のモダニストたちの滑稽な理想と嗤われても、大公お墨付きの官製学問や科学的実証主義文化を痛烈に批判したのは、清々しい。両雑誌とも熱心な支持者がおり、まもなくイタリアでもっとも重要なアヴァンギャルド雑誌と目されるようになった。

しかしながら彼らは、現実政治から超然としようとして、知らず知らずファシストを助けた面も指摘されている。第一次世界大戦(一九一四―一九一八)後、労働者の運動と彼らの左翼党派支持が鮮明になり、また左派と右派の衝突も起きた。だが他方では、一九二〇年までにベニート・ムッソリーニ(一八八三―一九四五)のファシストが支部をフィレンツェに設け、二年以内にイタリアで最大の拠点のひとつとなった。一九二二年一〇月にはムッソリーニはローマに進軍したが、それに合わせてフィレンツェではファシストらが戦略的に重要な建物・鉄道駅・通信基地などを支配した。ここでも黒シャツ隊の暴力が猛威を揮い、反対運動は地下に潜り、または完全に弾圧された。

料理によるイタリア統一

統一後、フィレンツェがイタリア全体に貢献したのは、アヴァンギャルド運動だけではない。じつはここで生まれた一冊の料理書が、画期的な役割を果たしたのである。それはペッレグリーノ・アルトゥージ(一八二〇―一九一一)の『料理の科学と美味しく食べる技法』(一八九一)という書物である。これについては、私はすでに『世界の食文化15 イタリア』という書物で論じたことがあるが、要点のみ繰り返してみよう。

アルトゥージは、リヴォルノ、ついでフィレンツェに半世紀以上住み、銀行業に携わった。

その仕事から引退した後は、当時網の目のように張り巡らされつつあった鉄道網および郵便網を利用して、イタリア各地の伝統料理についての情報を収集し、その中からどの地方の人にも幅広く受け容れられそうなレシピをピックアップして書物にまとめていったのである。そして完成したのが上掲書であった。女性読者との文通を重ねてレシピの数はどんどん増えていき、版を重ねるごとに分厚くなっていった。

本書のレシピの材料は中産階級、ブルジョワの財力で十分買えるものにかぎられていたし、地方料理に適切なアレンジを加えて呈示することで、彼は、ロマン主義の偉大な作家アレッサンドロ・マンゾーニ（一七八五―一八七三）が言語によるイタリア統一をめざしたように、料理によってイタリア人の心をまとめ上げようとしたのである。後にイタリア料理の定番となっていくいくつかのレシピ――ジャガイモのニョッキなど――に権威を与え国民的料理の一品としたし、またトマトソースをパスタと決定的に結びつけ、奨励したのも彼の功績である。

彼の料理書は、素直な読みやすいイタリア語で書かれており、その書物が引っ張りだこになって各家庭に常備されることで、共通イタリア語の教科書の役も果たした。イタリアでは各地の方言が入り乱れ、イタリア統一時に「イタリア語」を話せるのは、二・五％にすぎなかった、との計算がある。国家統一直後で、愛国主義と国語純化論 purismo scolastico および教育熱の高まりの時期にアルトゥージの料理本が生まれたため、彼は言葉の問題にも非常に敏感だったのである。

彼は簡明で自然な言語、トスカーナ農民の美しく耳に心地よい言語を良しとし、料理を語る際、各地の方言や卑語、特定の仲間言葉、外国語などを皆「イタリア語」に移植して、馴化させる、という道を選んだ。たとえば「マリネした」という意味では、ロンバルディア方言のin carpioneとかscorpionatoではなく、marinatoで統一した。こうすることで、料理における言語の合理化・平準化・統一化を達成しようとしたのである。定評あるイタリア語辞典作りを任務とする先述の「クルスカ学会」の活動とも響き合う所為ではあるまいか。

マッキャイオーリ以後

アヴァンギャルド運動は、まさに中世からルネサンス期にかけての共和制時代のフィレンツェの心意気が、イタリアというより大きな舞台で再燃したかのようだし、片やアルトゥージの料理書に含まれたイタリア語の統一のためのレッスンも、ダンテ、ペトラルカ、ボッカッチョを輩出し、フィレンツェのトスカーナ語を「イタリア語」にすべく磨き上げてきた、後期中世・ルネサンス期以来の伝統に棹さしているようにも思われる。

では肝心のフィレンツェ美術はどうなったのだろうか。もはや栄光のルネサンスの遺産を誇らしげに守り、人に見せて喜ぶだけの記憶の町になってしまったのか。それとも新たな創造の息吹は吹いてきたのだろうか。後者に賭けるとして、もっとも注目すべきは「マッキャイオーリ」と呼ばれる画派の登場である。

トスカーナ大公国時代には、美術界は、アカデミーが牛耳る中央統制により、自由な創意工夫はあまりできなかった。しかし大公の権力基盤が緩んでいた一九世紀初頭には、反アカデミズムの噴流が明確になり、美術アカデミーの権威は衰退しつつあった。そして寛容な政策で自由主義・進歩派が元気になると、カフェ・ミケランジェロなどに芸術家が集って、芸術のあるべき姿を議論するようになった。一八四八—一八四九年の革命運動にも、フィレンツェの少なからぬ芸術家が参加した。

こうした改革的雰囲気の中、一八五〇年代になると、色彩と明暗の対比・調整を重視する多くの画家たちが登場して「マッキャイオーリ派」が形成されていく。グループの最初の本拠地はフィレンツェ東方郊外の田園地帯ピアジェンティーナで、そこには緑なす野原と畑が緩やかにアルノ川へと下っていく美しい景観が広がっていた。その景色を的確に捉え、また自然を前にした詩的感興を表現すべく、画家たちは線による素描を否定して、代わりに画布に「色斑」(マッキア)をつけていった。イタリア版印象派である。ピアジェンティーナのほかに、手つかずの自然を有し、息を飲むようなパノラマの広がるリグリア海岸のカスティリオンチェッロも彼らを惹きつけた。自然景観以外には、室内や家庭生活の一齣など、日常生活の周辺を彼らは

図 10-1　ヴィンチェンツォ・カビアンカ「フィレンツェの吟遊詩人」(1861年，ピッティ宮殿・近代美術館)　Getty Images

好んで描いた。

マッキャイオーリ派の絵は、一八六〇年代に盛り上がり、その後、世紀末まで継続した。しかしイタリア統一後は共和主義的理想（マッキャイオーリ派の人々が皆奉じていた）も危機に陥り、同派は徐々に散会していった。なおこの派の絵は、現在、ピッティ宮殿にある「近代美術館」に集められている。

一九世紀末から二〇世紀初頭にかけての急速な生活・文化変容の中で、イタリアの画壇では、印象派、ラファエロ前派、ヴェリズモ（真実主義）、象徴主義、アールヌーヴォーなどが入り乱れて展開した。しかしフィレンツェでは先祖返りしたかのように歴史画がどっしりと腰を据え、マッキャイオーリ派は影を薄くした。第一次大戦前夜にミラノやローマの画壇を席巻した未来派も、このルネサンス発祥の地ではごく温和な展開に止まり、印象派への敵意と地方的伝統へのこだわりを強めていった。また激しい色彩表現のフォーヴィスムや一種の原始主義（プリミティヴィズム）的な「純粋主義」purismo への興味も高まった。

なお、二〇世紀の新建築ということでは、両大戦間、まさにファシズム時代にいくつか刮目すべき大建築が造られた。というのもこの時代のフィレンツェは、商業都市・観光都市としての性格を強めて、都市中心部の建築物の再開発がなされたからである。その結果、ピエル・ルイジ・ネルヴィ設計のカンポ・ディ・マルテの競技場(一九三二―一九三四)、ジョヴァンニ・ミケルッチの設計になるサンタ・マリア・ノヴェッラ駅(一九三三―一九三五)、国立中央図書館(一九三五)、ベッカリア広場のバリッラ少年団の家(一九三六、今はない)などが出来た。中でもサンタ・マリア・ノヴェッラ駅は、イタリア合理主義建築の傑作として知られている。

図 10-2　麦藁帽子作り(19 世紀)

芸術のリーダーとして一四―一六世紀に世界に輝いていたフィレンツェは、もはやその衰退から立ち直ることはなく、とりわけ近代には、過去の輝かしい遺産に、まずは先に述べたように国内外の文人や趣味人を、ついで一般観光客を蝟集させることになる。ここには創造性のカケラもないが、より地道な分野ではフィレンツェの創造性は健在だということを、見逃さないようにしよう。「物づくり」「職人技」である。

フィレンツェの物づくりの大半は、大規模な工場での大量生産ではなく、まさに小さな工房でひとつひとつ丁寧に手作りしていく家内工業である。家具、靴、メガネ、バッグ、布地、ラ宝飾、文具、麦藁帽子、ガラス工芸、陶磁器、計量器機、額縁、刺繍品、マット、ランジェリー、楽器、時計……など数え上げればきりがないほど、その質の良さとデザイン性で世界的に名を知られるメーカーが多数ある。一六世紀半ばまで遡る宝石商のセッテパッシのように、きわめて長い伝統を誇る店もある。とくに仕立屋や靴屋は、美しく気品があり飽きの来ない製品作りで令名が高い。

一九五〇年代以降、フィレンツェがイタリア・モードの中心地として世界的にその名が轟いたのは、フィレンツェの貴族ジョヴァンニ・バッティスタ・ジョルジーニのファッション・ショー企画によるところが大きかった。だからブチェラッティ、グッチ、サルヴァトーレ・フェラガモ、エミリオ・プッチなど有名ブランドがフィレンツェに本店を構えているのは当然だろう。こうして現在のフィレンツェは、目眩くようなルネサンス期の美術品と、現代の洒落た工芸品・ファッション品によって世界じゅうの観光客を集めているのである。

あとがき

私は本書で、文化都市としてのフィレンツェの歴史を古代から現代までたどってきた。少ない紙幅でその全容について語り尽くすなどはとてもできない相談であるし、美術を扱った部分は、おおまかな概観に過ぎないではないかと、不平を漏らす人もいるかもしれない。しかし詳しいフィレンツェ史概論、個別テーマに関する専門的な論考、各画家・彫刻家・建築家やその作品を論じた研究は日本でも相当数出版されているので、より詳細な知識を得たい方はそれらを参照してほしい。

私としては、フィレンツェの歴史を、ルネサンス期を中心としつつも古代から現代まで、どうしたら一貫した筋道で見透すことができるかにことさら留意して、本書を書いてきたつもりである。じつは二〇年近く前に、私はフィレンツェを中心としたイタリア・ルネサンスについて考えてみたことがある(『万能人とメディチ家の世紀――ルネサンス再考』講談社選書メチエ、二〇〇〇。のち『イタリア・ルネサンス再考――花の都とアルベルティ』講談社学術文庫、二〇〇七として再刊)。本書は、前著で扱ったフィレンツェ・ルネサンス史を歴史の上流と下流にぐっと引き延ばすとともに、私が最良の道案内と考えた人文主義者のレオン・バッティスタ・アルベルティの著作群からは離れ、より大所高所から俯瞰してみた。加えて前著での「都市のイデオロギー」と「家族のイデオロギー」に替えて、「家族」と「キリスト教」を馬車の両輪に、「フィレンツェ性」を御者に見立てて、およそ二〇〇〇年のフィレンツェ文化の歴史を旅してきたわけである。専門家だけでなく一般読者にもわかるよう書いたつもりだが、その成否の判断は読者に任せよう。

本書を執筆していてつくづく痛感したことがある。フィレンツェ史において中世とルネサンスを分けて語ることの不可能性ないし無意味さである。一応、五―一四世紀前半を中世、一四世紀後半―一六世紀初頭をルネサンス期とし、叙述のトーンは――心ならずも――中世を「否定」「克服」「転換」したところに明るいルネサンスが現出した……というようにならざるを得なかったところもある。しかし本当にそれでよいのか、というか、多くの場面で、私は「中世」を語っているのか「ルネサンス」を語っているのか、自分でもわからなくなってしまったのである。

先般亡くなったフランスの偉大な中世史家ジャック・ルゴフは、生前最後の書物『時代区分は本当に必要か?』(藤原書店、二〇一六)、そしてまさに遺言ともいうべきインタビュー(「ジャック・ルゴフ 最後のインタビュー」『思想』一〇八七号、岩波書店、二〇一四)で、時代区分について重要な発言をし、とりわけ中世とルネサンスの区別の偏向を批判している。そしてルネサンスというのは、実際は「中世」において何度も出来した古代復興・文化刷新の現象を指す概念と捉えるべきであり、いわゆる——一四—一六世紀の——「ルネサンス」は、いくら華やかで革新的に見えようと時代を根底から転換させるような出来事ではなかった。中世というのは、その内に常に革新の運動を秘めた時代なのであり、ただあまりに慎ましやかな時代だったので、自らそのことを喧伝しなかっただけだ、と述べている。本書を書き上げて、私はますますルゴフ説に賛同したくなってきた。ルネサンス人が否定しようとした「中世」とは、「ルネサンス」自身の半身を指していたのだから。

フィレンツェには、もう二〇回以上は訪れただろうか。しかしいずれも一泊か二泊、ときには古文書探索の本拠地にしていたシエナから日帰りということもあった。なかなか好きになれなかったのだ。というより、こんなにホスピタリティー(おもてなしの気持ち)の欠如した観光都市は珍しいんじゃないか——パリもひどいけど——といった印象が抜き難く私の心には染みついていたのである。

旅行案内書にあること以外は何ひとつ眼中になく、帰国して「見てきたよ」「行ってきたよ」と自慢するような観光客——私もシエナとパリ以外の場所についてはこうした観光客の一人だ——に、本当のフィレンツェ人はあからさまに扉を閉ざし、イヤな顔をするか無視するか、それともカモとしてしつこくたかるか歓心を買おうとする。世界的観光地では仕方がないのだろう。だがそれでも本書を書き上げた今、私は、これまでよりはフィレンツェに寄り添って、気持ちよく観光できそうだ。

岩波書店新書編集部の杉田守康氏は、本書の企画から完成まで当を得た多くの助言をして下さった。本書が大村次郷氏のりゅうとした写真で飾られたのも嬉しいかぎりだ。両氏に衷心から謝意を表したい。また慶應義塾大学講師の三森のぞみさんには、原稿に目を通して、とりわけ制度史・政治史関連の記述の誤りや不適切な箇所をいくつも指摘していただいた。お陰で訂正することができ、感謝の気持ちで一杯である。

本書が、フィレンツェを訪れる方々にとって、頼りがいのある道標になることを、また、歴史学を志す人にも歴史の捉え方の参考になることを願いつつ、筆を擱きたい。

二〇一八年二月　東京にて

池上俊一

[Catalogo della mostra: Firenze, Galleria degli Uffizi, 17 giugno - 2 novembre 2014], Firenze / Milano, 2014.

Rucellai, Giovanni di Pagolo, *Zibaldone*, a cura di G. Battista, Firenze, 2013.

Sacchetti, Franco, *Il Trecentonovelle*, a cura di V. Marucci, Roma, 1996.

Staley, E., *The Guilds of Florence*, London, 1906.

La stanza delle meraviglie. L'arte del commercio a Firenze. Dagli sporti medioevali al negozio virtuale, Firenze, 1998.

Strocchia, Sh. T., *Nuns and Nunneries in Renaissance Florence*, Baltimore, 2009.

Tanzini, L., *Firenze* [Il Medioevo nelle città italiane, 9], Spoleto, 2016.

Tavernor, R., *On Alberti and the Art of Building*, New Haven / London, 1998.

Trexler, R. C., *Dependence in Context in Renaissance Florence*, Binghamton / New York, 1994.

Turner, A. R., *The Renaissance in Florence: The Birth of a New Art*, London, 1997.

Villani, Giovanni, *Nuova Cronica*, a cura di G. Porta, 3 voll., Parma, 1990–91.

Weaver, R. L. / N. W. Weaver, *A Chronology of Music in the Florentine Theater 1590–1750*, Detroit, 1978.

Weinstein, D., *Savonarola and Florence: Prophecy and Patriotism in the Renaissance*, Princeton, 1970.

Wilson, B., *Music and Merchants: The Laudesi Companies of Republican Florence*, Oxford, 1992.

Florenz: Filippo Brunelleschi und Michelozzo di Bartolomeo, Hildesheim, 1999.

McGee, T. J., *The Ceremonial Musicians of Late Medieval Florence*, Bloomington / Indianapolis, 2009.

Mantini, S., *Lo spazio sacro della Firenze Medicea. Trasformazioni urbane e cerimoniali pubblici tra Quattrocento e Cinquecento*, Firenze, 1995.

Marchand, E. / A. Wright (eds.), *With and Without the Medici: Studies in Tuscan Art and Patronage 1434–1530*, Aldershot / Brookfield, 1998.

Menning, C. B., *Charity and State in Late Renaissance Italy: The Monte di Pietà of Florence*, Ithaca / London, 1993.

Molho, A., *Marriage Alliance in Late Medieval Florence*, Cambridge (MA), 1994.

Monnier, Ph., *Le Quattrocento: essai sur l'histoire littéraire du XVe siècle italien*, nouvelle éd., t. II, Paris, 1931.

Morelli, Giovanni di Pagolo, *Ricordi*, a cura di V. Branca, Firenze, 1956.

Musacchio, J. M., *Art, Marriage, & Family in the Florentine Renaissance Palace*, New Haven / London, 2008.

Nagler, A. M., *Theatre Festivals of the Medici 1539–1637*, New York, 1976.

Najemy, J. M., *A History of Florence 1200–1575*, Oxford, 2006.

Neuschäfer, H.-J., *Boccaccio und der Beginn der Novelle: Strukturen der Kurzerzählung auf der Schwelle zwischen Mittelalter und Neuzeit*, München, 1969.

Partridge, L., *Art of Renaissance Florence 1400–1600*, Berkeley / Los Angeles / London, 2009.

Petrucci, A., *Writers and Readers in Medieval Italy: Studies in the History of Written Culture*, New Haven / London, 1995.

Puro, semplice e naturale nell'arte a Firenze tra Cinque e Seicento

nosciuta, Firenze, 2016.

Favati, G., *Inchiesta sul dolce stil nuovo*, Firenze, 1975.

Firenze e il suo territorio [Guida d'Italia], 9a ed., Milano, 2016.

Gavitt, Ph., *Charity and Children in Renaissance Florence: the Ospedale degli Innocenti, 1410–1536*, Ann Arbor, 1990.

Goldthwaite, R. A., *The Economy of Renaissance Florence*, Baltimore, 2009.

Grendler, P. F., *Schooling in Renaissance Italy: Literacy and Learning, 1300–1600*, Baltimore / London, 1989.

Guaita, O., *Le ville di Firenze*, Roma, 1996.

Haas, L., *The Renaissance Man and His Children: Childbirth and Early Childhood in Florence, 1300–1600*, Basingstoke / London, 1998.

Hankins, J. (ed.), *Renaissance Civic Humanism: Reappraisals and Reflections*, Cambridge, 2000.

Henderson, J., *Piety and Charity in Late Medieval Florence*, Oxford, 1994.

Hollingsworth, M., *Patronage in Renaissance Italy: From 1400 to the Early Sixteenth Century*, London, 1994.

Kent, D. / F. W. Kent, *Neighbours and Neighbourhood in Renaissance Florence: the District of the Red Lion in the Fifteenth Century*, Locust Valley, 1982.

Kirshner, J. (ed.), *The Origins of the State in Italy 1300–1600*, Chicago / London, 1995.

Klapisch-Zuber, Ch., *La maison et le nom: stratégies et rituels dans l'Italie de la Renaissance*, Paris, 1990.

Lansing, C., *The Florentine Magnates: Lineage and Faction in a Medieval Commune*, Princeton, 1991.

Listri, P. F., *Il Dizionario di Firenze. Tutta Firenze dalla A alla Z. Dalle Origini al Settecento*, Firenze, 1999.

Löhneysen, W. von (hrsg. von), *Der Humanismus der Architektur in*

Gentile, Roma, 1991.
Bec, Ch., *Les marchands écrivains: affaires et humanisme à Florence, 1375–1434*, Paris / La Haye, 1967.
Benvenuti, A. / F. Cardini / E. Giannarelli (a cura di), *Le radici cristiane di Firenze*, Firenze, 1994.
Black, R., *Education and Society in Florentine Tuscany: Teachers, Pupils and Schools*, Leiden / Boston, 2007.
Branca, V. (a cura di), *Mercanti scrittori: ricordi nella Firenze tra Medioevo e Rinascimento*, Milano, 1986.
Brucker, G., *Florence: The Golden Age, 1138–1737*, New York, 1984.
Brucker, G. (ed.), *Two Memoirs of Renaissance Florence: the Diaries of Buonaccorso Pitti and Gregorio Dati*, New York, 1967.
Carew-Reid, N., *Les fêtes florentines au temps de Lorenzo il Magnifico*, Firenze, 1995.
Cesati, F., *Le piazze di Firenze*, Roma, 1995.
Cochrane, E., *Florence in the Forgotten Centuries 1527–1800: A History of Florence and the Florentines in the Age of the Grand Dukes*, Chicago / London, 1973.
Compagni, Dino, *Cronica*, a cura di D. Cappi, Roma, 2013.
Connell, W. J. / A. Zorzi (eds.), *Florentine Tuscany: Structures and Practices of Power*, Cambridge, 2000.
Conti, E. / A. Guidotti / R. Lunardi, *La civiltà fiorentina del Quattrocento*, Firenze, 1993.
Conti, F. (a cura di), *La massoneria a Firenze. Dall'età dei Lumi al secondo Novecento*, Bologna, 2007.
Davies, J., *Florence and Its University during the Early Renaissance*, Leiden, 1998.
Dei, Benedetto, *La cronica dall'anno 1400 all'anno 1500*, a cura di R. Barducci, Firenze, 1985.
Fanelli, G., *Firenze* [Le città nella storia d'Italia], Bari / Roma, 1980.
Fantappié, M., *Firenze dalle origini all'anno mille. La storia sco-*

ブラッカー，ジーン・A.(森田義之・松本典昭訳)『ルネサンス都市フィレンツェ』岩波書店，2011 年
ブルクハルト，ヤーコプ(柴田治三郎訳)『イタリア・ルネサンスの文化』上・下，中公文庫，1974 年
マッカーシー，メアリ(幸田礼雅訳)『フィレンツェの石』新評論，1996 年
松本典昭『パトロンたちのルネサンス ── フィレンツェ美術の舞台裏』NHK ブックス，2007 年
松本典昭『メディチ宮廷のプロパガンダ美術 ── パラッツォ・ヴェッキオを読み解く』ミネルヴァ書房，2015 年
森田義之『メディチ家』講談社現代新書，1999 年
米田潔弘『メディチ家と音楽家たち ── ルネサンス・フィレンツェの音楽と社会』音楽之友社，2002 年
ランドゥッチ，ルカ(中森義宗・安保大有訳)『ランドゥッチの日記 ── ルネサンス一商人の覚え書』近藤出版社，1988 年
ル＝ゴフ，ジャック(菅沼潤訳)『時代区分は本当に必要か？ ── 連続性と不連続性を再考する』藤原書店，2016 年
レーヴィット，デイヴィッド(船見俊介訳)『フィレンツェ 繊細にして悩ましき街』DHC，2005 年
若桑みどり『フィレンツェ』講談社学術文庫，2012 年
Adamson, W. L., *Avant-Garde Florence: From Modernism to Fascism*, Cambridge (MA) / London, 1993.
Adriani, M., *Firenze sacra*, Firenze, 1990.
Artusi, P., *La Scienza in cucina e l'Arte di mangiar bene*, Torino, 1970.
Balestracci, D., *La festa in armi. Giostre, tornei e giochi del Medioevo*, Bari / Roma, 2001.
Baron, H., *The Crisis of the Early Italian Renaissance: Civic Humanism and Republican Liberty in an Age of Classicism and Tyranny*, Princeton, 1966.
Bartolomeo del Corazza, *Diario fiorentino (1405-1439)*, a cura di R.

主要参考文献

池上俊一『イタリア・ルネサンス再考 —— 花の都とアルベルティ』講談社学術文庫，2007 年

池上俊一『世界の食文化 15 イタリア』農山漁村文化協会，2003 年

石黒盛久『マキアヴェッリとルネサンス国家 —— 言説・祝祭・権力』風行社，2009 年

石鍋真澄『フィレンツェの世紀 —— ルネサンス美術とパトロンの物語』平凡社，2013 年

北田葉子『近世フィレンツェの政治と文化 —— コジモ 1 世の文化政策(1537-60)』刀水書房，2003 年

黒田泰介『イタリア・ルネサンス都市逍遙 —— フィレンツェ：都市・住宅・再生』鹿島出版会，2011 年

サヴォナローラ(須藤祐孝編訳・解説)『ルネサンス・フィレンツェ統治論 —— 説教と論文』無限社，1998 年

佐藤忠良ほか『遠近法の精神史 —— 人間の眼は空間をどうとらえてきたか』平凡社，1992 年

高橋友子『捨児たちのルネッサンス —— 15 世紀イタリアの捨児養育院と都市・農村』名古屋大学出版会，2000 年

田中一郎『ガリレオ —— 庇護者たちの網のなかで』中公新書，1995 年

パオルッチ，アントニオほか(森田義之監訳)『芸術の都 フィレンツェ大図鑑 —— 美術・建築・デザイン・歴史』西村書店，2015 年

バクサンドール，マイケル(篠塚二三男ほか訳)『ルネサンス絵画の社会史』平凡社，1989 年

ヒバート，クリストファー(横山徳爾訳)『フィレンツェ』上・下，原書房，1999 年

池上俊一

1956年，愛知県生まれ．

現在 ― 東京大学大学院総合文化研究科教授．

専攻 ― 西洋中世・ルネサンス史．

著書 ―『ヨーロッパの中世 8 儀礼と象徴の中世』(岩波書店)

『パスタでたどるイタリア史』

『お菓子でたどるフランス史』

『森と山と川でたどるドイツ史』

『王様でたどるイギリス史』(以上，岩波ジュニア新書)

『ロマネスク世界論』

『ヨーロッパ中世の宗教運動』

『公共善の彼方に ―― 後期中世シエナの社会』

(以上，名古屋大学出版会)

『イタリア ―― 建築の精神史』(大村次郷写真，山川出版社)

『イタリア・ルネサンス再考 ―― 花の都とアルベルティ』(講談社学術文庫) ほか

フィレンツェ
――比類なき文化都市の歴史　　岩波新書(新赤版)1719

2018年5月22日　第1刷発行

著　者　池上俊一《いけがみしゅんいち》

発行者　岡本　厚

発行所　株式会社 岩波書店
〒101-8002 東京都千代田区一ツ橋 2-5-5
案内 03-5210-4000　営業部 03-5210-4111
http://www.iwanami.co.jp/

新書編集部 03-5210-4054
http://www.iwanamishinsho.com/

印刷・精興社　カバー・半七印刷　製本・中永製本

ISBN 978-4-00-431719-7　　Printed in Japan

岩波新書新赤版一〇〇〇点に際して

ひとつの時代が終わったと言われて久しい。だが、その先にいかなる時代を展望するのか、私たちはその輪郭すら描きえていない。二〇世紀から持ち越した課題の多くは、未だ解決の緒を見つけることのできないままであり、二一世紀が新たに招きよせた問題も少なくない。グローバル資本主義の浸透、憎悪の連鎖、暴力の応酬――世界は混沌として深い不安の只中にある。

現代社会においては変化が常態となり、速さと新しさに絶対的な価値が与えられた。消費社会の深化と情報技術の革命は、種々の境界を無くし、人々の生活やコミュニケーションの様式を根底から変容させてきた。ライフスタイルは多様化し、一面では個人の生き方をそれぞれが選びとる時代が始まっている。同時に、新たな格差が生まれ、様々な次元での亀裂や分断が深まっている。社会や歴史に対する意識が揺らぎ、普遍的な理念に対する根本的な懐疑や、現実を変えることへの無力感がひそかに根を張りつつある。そして生きることに誰もが困難を覚える時代が到来している。

しかし、日常生活のそれぞれの場で、自由と民主主義を獲得し実践することを通じて、私たち自身がそうした閉塞を乗り超え、希望の時代の幕開けを告げてゆくことは不可能ではあるまい。そのために、いま求められていること――それは、個と個の間で開かれた対話を積み重ねながら、人間らしく生きることの条件について一人ひとりが粘り強く思考することではないか。その営みの糧となるものが、教養に外ならないと私たちは考える。歴史とは何か、よく生きるとはいかなることか、世界そして人間はどこへ向かうべきなのか――こうした根源的な問いとの格闘が、文化と知の厚みを作り出し、個人と社会を支える基盤としての教養となった。まさにそのような教養への道案内こそ、岩波新書が創刊以来、追求してきたことである。

岩波新書は、日中戦争下の一九三八年一一月に赤版として創刊された。創刊の辞は、道義の精神に則らない日本の行動を憂慮し、批判的精神と良心的行動の欠如を戒めつつ、現代人の現代的教養を刊行の目的とする、と謳っている。以後、青版、黄版、新赤版と装いを改めながら、合計二五〇〇点余りを世に問うてきた。そして、いままた新赤版が一〇〇〇点を迎えたのを機に、人間の理性と良心への信頼を再確認し、それに裏打ちされた文化を培っていく決意を込めて、新しい装丁のもとに再出発したいと思う。一冊一冊から吹き出す新風が一人でも多くの読者の許に届くこと、そして希望ある時代への想像力を豊かにかき立てることを切に願う。

（二〇〇六年四月）

政治

岩波新書より

環境・地球

水の未来　沖　大幹
異常気象と地球温暖化　鬼頭昭雄
エネルギーを選びなおす　小澤祥司
欧州のエネルギーシフト　脇阪紀行
グリーン経済最前線　井田徹治・末吉竹二郎
低炭素社会のデザイン　西岡秀三
環境アセスメントとは何か　原科幸彦
生物多様性とは何か　井田徹治
キリマンジャロの雪が消えていく　石　弘之
イワシと気候変動　川崎　健
森林と人間　石城謙吉
世界森林報告　山田　勇
地球の水が危ない　高橋　裕
地球持続の技術　小宮山宏
地球環境報告 II　石　弘之
地球温暖化を防ぐ　佐和隆光
地球環境問題とは何か　米本昌平
地球環境報告　石　弘之
水俣病は終っていない　原田正純
国土の変貌と水害　高橋　裕
水俣病　原田正純

情報・メディア

グローバル・ジャーナリズム　澤　康臣
キャスターという仕事　国谷裕子
読んじゃいなよ!　高橋源一郎編
読書と日本人　津野海太郎
スポーツアナウンサー 実況の真髄　山本　浩
戦争と検閲 石川達三を読み直す　河原理子
NHK〔新版〕　松田　浩
震災と情報　徳田雄洋
メディアと日本人　橋元良明
本は、これから　池澤夏樹編
デジタル社会はなぜ生きにくいか　徳田雄洋
ジャーナリズムの可能性　原　寿雄
ITリスクの考え方　佐々木良一
ユビキタスとは何か　坂村　健
ウェブ社会をどう生きるか　西垣　通
報道被害　梓澤和幸
メディア社会　佐藤卓己
現代の戦争報道　門奈直樹
未来をつくる図書館　菅谷明子
インターネット術語集 II　矢野直明
メディア・リテラシー　菅谷明子
インターネット　村井　純
職業としての編集者　吉野源三郎
戦中用語集　三國一朗
本の中の世界　湯川秀樹
私の読書法　大内兵衛・茅　誠司

宗教

パウロ 十字架の使徒	青野太潮
弘法大師空海と出会う	川﨑一洋
高野山	松長有慶
マルティン・ルター	徳善義和
教科書の中の宗教	藤原聖子
『教行信証』を読む 親鸞の世界へ	山折哲雄
国家神道と日本人	島薗進
聖書の読み方	大貫隆
寺よ、変われ	高橋卓志
親鸞をよむ	山折哲雄
日本宗教史	末木文美士
法華経入門	菅野博史
イスラム教入門	中村廣治郎
ジャンヌ・ダルクと蓮如	大谷暢順
蓮如	五木寛之
キリスト教と笑い	宮田光雄
密教	松長有慶
仏教入門	三枝充悳
モーセ	浅野順一
イスラーム(回教)	蒲生礼一
ヨブ記	浅野順一
聖書入門	小塩力
慰霊と招魂	村上重良
国家神道	村上重良
お経の話	渡辺照宏
日本の仏教	渡辺照宏
仏教〔第二版〕	渡辺照宏
禅と日本文化	鈴木大拙 北川桃雄訳

心理・精神医学

モラルの起源	亀田達也
トラウマ	宮地尚子
自閉症スペクトラム障害	平岩幹男
自殺予防	高橋祥友
だます心 だまされる心	安斎育郎
痴呆を生きるということ	小澤勲
快適睡眠のすすめ	堀忠雄
精神病	笠原嘉
やさしさの精神病理	大平健
生涯発達の心理学	高橋恵子 波多野誼余夫
心病める人たち	石川信義
コンプレックス	河合隼雄
日本人の心理	南博

社会

岩波新書より

震災日録 記憶を記録する	森 まゆみ
原発をつくらせない人びと	山秋 真
社会人の生き方	暉峻淑子
構造災 科学技術社会に潜む危機	松本三和夫
家族という意志	芹沢俊介
ルポ 良心と義務	田中伸尚
飯舘村は負けない	千葉悦子 松野光伸
夢よりも深い覚醒へ	大澤真幸
子どもの声を社会へ	桜井智恵子
就職とは何か	森岡孝二
日本のデザイン	原 研哉
ポジティヴ・アクション	辻村みよ子
脱原子力社会へ	長谷川公一
希望は絶望のど真ん中に	むのたけじ
福島 原発と人びと	広河隆一
アスベスト 広がる被害	大島秀利
原発を終わらせる	石橋克彦編
日本の食糧が危ない	中村靖彦
勲 章 知られざる素顔	栗原俊雄
希望のつくり方	玄田有史
生き方の不平等	白波瀬佐和子
同性愛と異性愛	風間 孝 河口和也
居住の貧困	本間義人
贅沢の条件	山田登世子
新しい労働社会	濱口桂一郎
世代間連帯	上野千鶴子 辻元清美
道路をどうするか	五十嵐敬喜 小川明雄
子どもの貧困	阿部 彩
子どもへの性的虐待	森田ゆり
戦争絶滅へ、人間復活へ	むのたけじ 黒岩比佐子聞き手
テレワーク 「未来型労働」の現実	佐藤彰男
反 貧 困	湯浅 誠
不可能性の時代	大澤真幸
地 域 の 力	大江正章
ベースボールの夢	内田隆三
グアムと日本人 戦争を埋立てた楽園	山口 誠
少子社会日本	山田昌弘
親米と反米	吉見俊哉
「悩み」の正体	香山リカ
変えてゆく勇気	上川あや
建 築 紛 争	五十嵐敬喜 小川明雄
戦争で死ぬ、ということ	島本慈子
社会学入門	見田宗介
冠婚葬祭のひみつ	斎藤美奈子
少年事件に取り組む	藤原正範
いまどきの「常識」	香山リカ
働きすぎの時代	森岡孝二
桜が創った「日本」	佐藤俊樹
生きる意味	上田紀行
ルポ 戦争協力拒否	吉田敏浩
ウォーター・ビジネス	中村靖彦
男女共同参画の時代	鹿嶋 敬
当事者主権	中西正司 上野千鶴子
ルポ 解 雇	島本慈子
豊かさの条件	暉峻淑子
人 生 案 内	落合恵子

現代世界

岩波新書より

ヨーロッパとイスラーム	内藤正典
現代の戦争被害	小池政行
帝国を壊すために	アルンダティ・ロイ 本橋哲也訳
多文化世界	青木保
デモクラシーの帝国	藤原帰一
パレスチナ〔新版〕	広河隆一
人道的介入	最上敏樹
異文化理解	青木保
ロシア市民	中村逸郎
ロシア経済事情	小川和男
ユーゴスラヴィア現代史	柴宜弘
ビルマ「発展」のなかの人びと	田辺寿夫
東南アジアを知る	鶴見良行
獄中19年	徐勝
ハワイ	山中速人
モンゴルに暮らす	一ノ瀬恵
チェルノブイリ報告	広河隆一
イスラームの日常世界	片倉もとこ
エビと日本人	村井吉敬
バナナと日本人	鶴見良行
イギリスと日本	森嶋通夫
韓国からの通信	T・K生 「世界」編集部編
非ユダヤ的ユダヤ人	I・ドイッチャー 鈴木一郎訳

岩波新書より

世界史

ロシア革命 破局の8か月　池田嘉郎
天下と天朝の中国史　檀上寛
孫文　深町英夫
古代東アジアの女帝　入江曜子
新・韓国現代史　文京洙
ガリレオ裁判　田中一郎
人間・始皇帝　鶴間和幸
袁世凱　岡本隆司
二〇世紀の歴史　木畑洋一
イギリス史10講　近藤和彦
植民地朝鮮と日本　趙景達
シルクロードの古代都市　加藤九祚
中華人民共和国史〔新版〕　天児慧
物語 朝鮮王朝の滅亡　金重明
新・ローマ帝国衰亡史　南川高志
近代朝鮮と日本　趙景達
マヤ文明　青木和夫

四字熟語の中国史　冨谷至
李鴻章　岡本隆司
新しい世界史へ　羽田正
パル判事　中里成章
グランドツアー 18世紀イタリアへの旅　岡田温司
マルコムX　荒このみ
パリ 都市統治の近代　喜安朗
ノモンハン戦争 モンゴルと満洲国　田中克彦
中国という世界　竹内実
ウィーン 都市の近代　田口晃
空爆の歴史　荒井信一
紫禁城　入江曜子
ジャガイモのきた道　山本紀夫
北京　春名徹
創氏改名　水野直樹
溥儀　入江曜子
フランス史10講　柴田三千雄
地中海　樺山紘一

多神教と一神教　本村凌二
奇人と異才の中国史　井波律子
古代オリンピック　桜井万里子・橋場弦 編
ドイツ史10講　坂井榮八郎
ナチ・ドイツと言語　宮田光雄
離散するユダヤ人　小岸昭
現代史を学ぶ　溪内謙
アメリカ黒人の歴史〔新版〕　本田創造
上海一九三〇年　尾崎秀樹
サッチャー時代のイギリス　森嶋通夫
ゴマの来た道　小林貞作
文化大革命と現代中国　安藤正士・太田勝洪・辻康吾
ピープス氏の秘められた日記　臼田昭
中世ローマ帝国　渡辺金一
モロッコ　山田吉彦
シベリアに憑かれた人々　加藤九祚
インカ帝国　泉靖一
中国の隠者　富士正晴

岩波新書より

文学

正岡子規 人生のことば　復本一郎
『レ・ミゼラブル』の世界　西永良成
北原白秋 言葉の魔術師　今野真二
文庫解説ワンダーランド　斎藤美奈子
俳句世がたり　小沢信男
漱石のこころ　赤木昭夫
夏目漱石　十川信介
村上春樹は、むずかしい　加藤典洋
「私」をつくる 近代小説の試み　安藤宏
現代秀歌　永田和宏
言葉と歩く日記　多和田葉子
近代秀歌　永田和宏
杜甫　川合康三
古典力　齋藤孝
食べるギリシア人　丹下和彦
和本のすすめ　中野三敏
老いの歌　小高賢
魯迅　藤井省三
ラテンアメリカ十大小説　木村榮一
王朝文学の楽しみ　尾崎左永子
正岡子規 言葉と生きる　坪内稔典
文学フシギ帖　池内紀
ヴァレリー　清水徹
白楽天　川合康三
ぼくらの言葉塾　ねじめ正一
季語の誕生　宮坂静生
和歌とは何か　渡部泰明
ミステリーの人間学　廣野由美子
小林多喜二　ノーマ・フィールド
いくさ物語の世界　日下力
中国の五大小説 上 三国志演義・西遊記　井波律子
中国の五大小説 下 水滸伝・金瓶梅・紅楼夢　井波律子
中国名文選　興膳宏
アラビアンナイト　西尾哲夫
小説の読み書き　佐藤正午
森鷗外 文化の翻訳者　長島要一
チェーホフ　浦雅春
英語でよむ万葉集　リービ英雄
源氏物語の世界　日向一雅
俳人漱石　坪内稔典
花のある暮らし　栗田勇
読書力　齋藤孝
一億三千万人のための小説教室　高橋源一郎
ダルタニャンの生涯　佐藤賢一
花を旅する　栗田勇
一葉の四季　森まゆみ
中国文章家列伝　井波律子
翻訳はいかにすべきか　柳瀬尚紀
太宰治　細谷博
隅田川の文学　久保田淳
ジェイムズ・ジョイスの謎を解く　柳瀬尚紀
短歌をよむ　俵万智
西行　高橋英夫